相続に係る専門家のための
遺贈寄付の実務
税務／法務／相談者対応

［著］司法書士 三浦 美樹　　［監修］一般社団法人 全国レガシーギフト協会
　　　税理士 脇坂 誠也　　　　　　　一般社団法人 日本承継寄付協会

Leave a Legacy
in Your Will

税務経理協会

はじめに

―専門家はどんなことを学ぶべきなのか

　通常の相続では，人が亡くなるとその方の財産は法定相続人に相続されます。しかし，未婚者や子供がいない夫婦等のいわゆる「おひとり様」の増加によって，近年「疎遠な相続人に相続させたくない」という人が増加しています。その結果，通常の相続だけでなく，人生の集大成としての財産を社会に役立てたいという人のニーズを満たす遺贈寄付が社会的に注目を浴びています。

　しかしながら，遺贈寄付の場合は通常の寄付と違い，亡くなった後に寄付が実行されるため，実行までに時間差があり，現金以外の財産も寄付される場合があること，さらには多様な寄付先の中から寄付先を選ぶための知識も求められるため，相談できる専門家が少ないのが現状です。

　本書では，読者として相続を支援する専門家の方を念頭に置いていますが，事例を交えて説明することにより遺贈寄付をお考えの方や遺贈寄付を受ける受遺団体の方にも理解できるような内容となるように心がけました。ところどころ細かい条文や取扱いなどを紹介しているところもありますので，専門家以外の方は，その部分は飛ばしてお読みいただいてもいいかと思います。

　まず，第1章で，遺贈寄付の基礎知識を理解していただきます。
　第2章では，遺贈寄付における専門家の役割，第3章では，専門家が遺贈寄付の相談を受ける際の注意点についてお伝えします。
　第4章では，遺贈寄付の法務における注意点について，基本的なことをお話しします。
　なお，第1章～第4章は，日本承継寄付協会開催の承継寄付診断士講座の内容を一部抜粋しています。

第5章では，遺贈寄付の税務について，説明しています。第1節で税務の概要について，第2節以降はよくある事例を基に，それぞれ税務上どのような取扱いになるのかにつき解説します。事例により，遺言書例も掲載しています。第2節で，遺言により現預金の寄付をした場合，第3節では，相続人が現預金の寄付をした場合，第4節では，不動産や株式などの現物で遺贈寄付をした場合，第5節では，財団法人を設立し，寄付をした場合の事例を取り上げています。

　第6章では，寄付を受ける受遺団体側の注意点について触れています。

　本書を通して，遺贈寄付をお考えの方，そのような方を支援する専門家の方，遺贈寄付を受ける受遺団体の方などのお役に立つことができれば幸いです。

　最後に，本書の出版にあたってアドバイスをいただいた，全国レガシーギフト協会の山北洋二様，樽本哲様，齋藤弘道様，日本経営心理士協会の藤田耕司様，日本承継寄付協会の佐藤大吾様，本書の校正をしていただいた大山未央様，浅沼礼奈様，渡辺未来子様，本書の編集にご尽力いただいた税務経理協会の野田ひとみ様に，心から感謝申し上げます。

2022 年 6 月

三浦美樹

脇坂誠也

目次

第4章 遺贈の理解のために押さえたい相続のポイント

第5章 実例からみる 遺贈寄付の税務

第1節 遺贈寄付の税務の概要

第2節 遺言により現預金の寄付をした場合

第6章 受遺団体側の注意点

本書を読むにあたって

1 法令等の略称

法人税法	法法
所得税法	所法
所得税法施行規則	所規
相続税法	相法
相続税法施行令	相令
相続税法基本通達	相基通
国税通則法	通則法
租税特別措置法	措法
租税特別措置法通達	措通
租税特別措置法施行令	措令
特定非営利活動促進法	NPO 法
特定非営利活動法人	NPO 法人

2 用語の定義

遺贈寄付 … 本書では，自然人の死を契機に行われる非営利団体への寄付のうち，遺言による遺産の寄付（遺贈），死因贈与，信託及び生命保険といった契約に基づいて行われる寄付，並びに相続人による相続財産の寄付を，「遺贈寄付」と総称します。

受遺団体 … 寄付を受ける団体・受遺法人を「受遺団体」とします。

被相続人 … 故人，相続される側を「被相続人」とします（相続する側は「相続人」とします）。

寄付 … 本書では，きふは「寄付」と記載します。
（注）法令等，引用部分は寄附としている部分もございます。

第1章

遺贈寄付の基本

　本章では，昨今の相続の状況や遺贈寄付が必要とされる背景について
解説します。

遺贈寄付とは

　遺贈とは，個人が亡くなったときに遺言によって，無償で財産を譲渡することをいいます。

　そして，公のためとなる活動を行う公益法人，NPO法人等に遺贈によって財産を譲渡することを「遺贈による寄付」といいます。「遺贈による寄付」だけではなく，相続された財産を受け取った相続人が公益法人等に寄付を行う「相続した財産からの寄付」や「信託契約での寄付」等，本来は民法上の遺贈とは異なる形での寄付についても，相続されるべき財産からの寄付を「遺贈寄付」と総称しています。

　遺贈寄付とは，最後に財産が残ったときに，その中の一部を，少額からでも寄付することができる新しい相続の方法です。誰もが自分の想いを未来の社会や子孫に託すことができる，新しい社会貢献といえます。

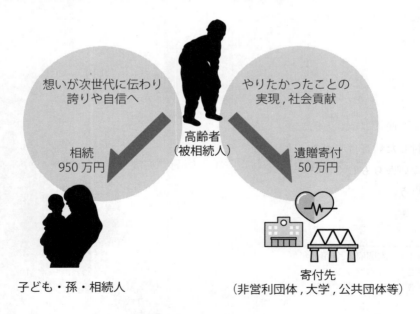

1　今後ニーズが高まる遺贈寄付

(1) おひとり様の増加によるのニーズの増加

　総務省統制局の国勢調査によると，2015年の生涯未婚率は，男性が23.4％，女性が14.1％だったところ，2040年には，男性29.5％，女性22.5％に達する見込みです。おひとり様は今後かなりのペースで増えていくことが予想されます(1)。

　一方で，寄付に対する注目が集まっています。個人の寄付額は年々増加しており，2009年に5,455億円だったものが，2020年には1兆2,126億円(2)となっています。特に2020年にコロナ禍で国民に一律配布された10万円の特別定額給付金の使い道に関しては，「コロナ給付金寄付プロジェクト，10万円特別定額給付金に関する調査」によると42.7％の人が新型コロナウイルス感染症によって経済的影響を受けた個人や団体等への何らかの支援に繋げたいと回答していました。コロナ禍でより一層寄付への注目が集まっていることがわかります。こうした背景が遺贈寄付のニーズを押し上げているといえます。

　また，2021年に一般社団法人 日本承継寄付協会が行った「遺贈寄付に関する実態調査2021」(3)によると，相続人が「兄弟姉妹」の方の3人に1人が全財産又は100万円以上の高額寄付を希望していました。この結果から，寄付したい寄付先があるから遺贈寄付を選択するのではなく，財産の行き先がないからもしくは財産を渡したい人がいないから遺贈寄付をする方が多いという実態が見て取れます。

　実際，筆者が主催する日本承継寄付協会には「亡くなった後の財産を渡し

（1）　内閣府「令和3年度 少子化社会対策白書」を参考に作成
（2）　日本ファンドレイジング協会「寄付白書2021」
（3）　日本承継寄付協会「遺贈寄付に関する実態調査2021」
　　　（https://prtimes.jp/main/html/rd/p/000000005.000063820.html）

たい相続人がいないので寄付したいけど，どこに寄付すればよいのかわからない」といった相談が多く寄せられています。また，専門家に対するアンケート調査でも「相続人にあげたくないから遺贈寄付する」という回答が最も多くありました。相談者の中には「NPO」や「遺贈寄付」という言葉を知らない方もいます。

つまり，今まで寄付に関心を持ってこなかった方が，「相続人がいない」「相続人が兄弟姉妹となる」といったことをきっかけに遺贈寄付をするケースが増えており，この傾向は今後さらに強まることが予想されます。

（2）受遺団体の意識の変化と広報活動の活発化

遺贈寄付を受ける NPO 団体等の受遺団体の遺贈寄付に対する意識も変化しています。

今までは「遺贈寄付というと亡くなるのを待っているように思われるため，言い出しにくい」「死を連想させるので，大きな声で言えない」などの理由で遺贈による寄付の受取りは積極的に発信されてきませんでした。

しかし，昨今の終活ブームで「終活」という言葉が一般的に使われるようになったこともあり，「終活」のひとつのキーワードとして「遺贈寄付」の発信にあまり抵抗がなくなりました。また，「遺贈寄付の情報を提供することは寄付者にとってもメリットがある」と考えられるようになったことや遺贈寄付の金額は他の寄付に比べても大きいことから，寄付の受け取り方法のひとつとして遺贈寄付を積極的に発信する広報活動を行う受遺団体が増えています。

その広報活動の影響もあってか，各受遺団体へヒアリングをしたところ，2020 年は 2019 年の倍以上，さらに 2021 年にはその倍以上という勢いで遺贈寄付の問い合わせが増加しているという団体が数多くありました。

こういった受遺団体の広報活動の活発化と問い合わせ件数の増加からも，今後，さらに遺贈寄付の認知度とニーズが高まることが予想されます。

2　遺贈寄付の社会的意義

（1）高齢者間で回り続ける相続財産を次の世代に回す

　金融庁の調査によると，2035年には60歳以上の人が保有する金融資産の割合は，約7割になるといわれています(4)。

　現在の相続のしくみは，子供がいる場合は親から子へ相続され，子供がいない場合には兄弟（もしくは甥姪）に相続されます。2020年には日本の平均寿命は女性が87.45歳，男性が81.41歳で，ともに過去最高となりました。女性の過半数が90歳まで生存するといわれている現状の相続では，80代・90代で亡くなり，60代・70代の相続人が財産を相続するケースが多く，その結果，相続財産は高齢者間で回り続けることになります。さらに，子供がいないおひとり様の相続では，兄弟姉妹に相続されるため，より高齢者間で財産が移転しています。

　高齢者間の資金循環では，認知症で財産凍結のリスクや消費意欲の減退，老後資金の不安などにより，金融資産が動かなくなる例が多いです。平均寿命は延びている一方，健康寿命は男性が72.14歳，女性が74.79歳で70代のまま伸びていません(5)。

　その結果，消費意欲旺盛な60歳未満の世代に回る財産は，今後，減少の一途を辿り，使われない死蔵資産が増えます。そのため，財産を相続以外の方法で積極的に下の世代に下ろしていかなければ経済は更に回らなくなることが予想されます。これは高齢化社会となったわが国が克服すべき重要な課題です。

（4）　金融庁　事務局説明資料
　　（https://www.fsa.go.jp/singi/singi_kinyu/market_wg/siryou/20181011/01.pdf）
（5）　厚生労働省　「令和2年版　厚生労働白書」平均寿命と健康寿命の推移
　　（https://www.mhlw.go.jp/stf/wp/hakusyo/kousei/19/backdata/01-01-02-06.html）

（2）相続財産の流れを考え相続の形を変える

　この課題を克服するためのひとつの手段が遺贈寄付です。受遺団体が扱う社会課題には，子供の貧困問題や教育問題など，次の世代のための活動が数多くあります。遺贈寄付によって相続財産の一部がNPO団体等に回ることで，高齢者間で回っていた財産が次の世代のために積極的に使われることになります。

　年間の相続財産額は数十兆円といわれています。仮に50兆円としてこのうちの1％を遺贈寄付することができたら，5,000億円の財産を次の世代に回すことができます。相続財産のうち1％を遺贈寄付するということは遺贈寄付の認知度が今後さらに高まれば決して高いハードルではないと考えています。これが実現することで，次の世代が大きな恩恵を受けることができるようになります。

　こういったことから，通常の相続に加え，遺贈寄付という形で相続財産の流れを変えることは，高齢化社会が抱える課題を克服する上で重要なことであり，この分野に関わることの社会的意義は極めて高いといえます。

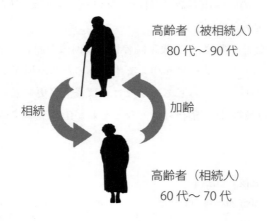

高齢者（被相続人）
80代〜90代

相続　　　　加齢

高齢者（相続人）
60代〜70代

3　人生の集大成としての自己実現

(1) 社会のためになりたいという想いを実現

　「社会の役にたちたい」「社会に恩返しがしたい」といった想いを多くの方が抱いています。しかし，「具体的にどうしたらいいかわからない」「老後資金が心配だから寄付する余裕がない」といった理由から，その想いが実現できないままになっているケースが多いのも事実です。

　遺贈寄付は人生で使わずに残ったお金を自分の想いと共に社会課題の解決に向けた活動を行うNPO団体等に寄付という形で託すことです。また，亡くなった後の寄付であるため，老後資金の心配をする必要はありません。

　そのため，寄付するほど財産に余裕がない人でも，亡くなった後に残った財産を遺贈寄付することによって，そのような想いを叶えることができます。

　近年は長寿化によって，どこまで老後資金を蓄えておけばよいかを見積もることが難しくなっていることから，過度に節約をする方も少なくありません。そういった方が想定よりも早く亡くなった場合に多額の資産が残るケースもあります。その際に遺贈寄付の準備をしておくことで，「もっと使っておけばよかった」という後悔を「社会のためになった」という満足感に変えることができます。

(2) 人生の最後に自分らしさを表現できる

　また，「人生の最後に自分の意思を示したい」「孫やひ孫に想いを伝えたい」という想いを抱く方も多くいます。

　遺贈寄付は人生で使わなかったお金の一部を自分らしく未来へ届けるものであり，人生の最後に「自分はこんなことをしたかった」「こんな分野に興味があった」というような「自分らしさ」を表現する手段でもあります。亡くなることは一度切りであるため，家族や友人，社会に想いを遺すチャンスも一度切りです。「そのチャンスを活かさずに財産だけを遺すなんて，あま

りにもったいない」と話される方も少なくありません。

　実際に 40 代という若さで「自分が亡くなった後はこの団体に自分の財産の何割を寄付する」という遺贈寄付の遺言書を書かれた方がいました。その方は遺言書を書き終えた後に「自分が仕事を頑張って多くの財産を築くことが社会の役に立つことに繋がると考えると，仕事にこれまでにないようなやりがいを感じるようになりました」と話されていました。

（3）ビジネスを通じて社会課題を解決する

　この感覚を持って仕事ができることがいかに幸せなことかということは，多くの方が共感されるのではないかと思います。「今の仕事にやりがいを感じない」「社会の役に立つような仕事がしたい」と思いながらも，具体的なアクションを起こすことができない方にとって，遺贈寄付は希望の光となる方法なのです。

　こういった形で多くの方が遺贈寄付を通じて社会に参加でき，やりがいを持って仕事に取り組めるようになります。また，社会課題に対して高い関心を持つことにもつながり，それが政治への関心を高め，投票率を高めるという動きにもなっていく可能性も十分にあります。

第2章

遺贈寄付における
専門家の役割

　本章では，専門家が遺贈寄付を扱う意義，未来の社会にとっての重要な役割，専門家自身が扱うことによって得られるメリットをみていきます。
　少額遺贈寄付の魅力についても触れています。

遺贈寄付が進んでいない理由

　このように重要な社会的意義を持つ遺贈寄付ですが，遺贈寄付に関心は
あっても，それが実現に至る可能性は決して高くないのが現状です。

　それには以下の理由が考えられます。

　1　相談先の不足

　2　「お金持ちがするもの」「財産を残さなければいけない」等の誤解がある

　これらは，より多くの相続に関わる実務家の方が遺贈寄付の専門家となる
ことにより解決できる問題だと考えています。

　誰でも気軽に遺贈寄付を選択できるような情報発信やサポートを専門家が
できるようになり，信頼できる相談先が増えれば，今まで必要としていると
ころに届いていなかったお金が届くようになり，遺贈寄付がもたらす新たな
未来が見えてくるのではないかと思います。

　遺贈寄付が持つ社会的意義の大きさから，筆者は遺贈寄付は誰もが気軽に
できるものであることをもっと広めていきたいと思っています。

1　専門家が必要とされる理由

　「遺贈寄付に関する実態調査」において「何かしらの社会貢献がしたい」
という理由により遺贈寄付を考える方が，結局遺贈寄付を断念してしまう理
由を調査したところ，「そのお金がどう使われるかわからない」「手続きの方
法もわからない」「信頼できる相談先がわからない」という回答があげられ
ていました。このことから，遺贈寄付への想いはあるものの相談先がなくて
あきらめる方が多いことがわかります。

　また，「遺贈寄付に興味を持つ方」が遺贈寄付を断念する理由として最も
多かったのは「遺贈寄付のやり方がわからない」でした。興味はあっても，
どこに相談をすればいいのかわからずせっかくの気持ちが形にならずに終

わっています。

　信頼できる相談先がないことで，いかに多くの遺贈寄付が実現できていないかがお分かりいただけたかと思います。遺贈の方法で行う遺贈寄付は専門家のサポートなしには実現が難しいのです。

2　専門家が求められる役割

　遺贈寄付に関する相談はデリケートな内容も多いことから，初対面の人にはなかなか相談しづらいと感じる方も少なくありません。そのため，日頃から会社の経営や税務，財産について相談をしている士業や金融機関等の財産の相談先となる専門家こそ，先述の「信頼できる相談先」としてふさわしい存在であるといえます。

　また，遺贈寄付は寄付したい方と寄付先だけでは成立しません。なぜなら，遺贈寄付の実行は寄付者が亡くなった後となるため，実行されるときには寄付者本人は存在しないからです。したがって，遺贈寄付の成立には「遺言等の相続のサポートをする人」「寄付先選びに寄り添う人」「亡くなった財産を寄付する手続きをする人」が必要であり，通常の寄付と違い，専門家の存在が求められます。

　つまり，遺贈寄付の普及は遺贈寄付の相談に乗れる士業などの専門家の増加とともにあるといえるでしょう。

3　遺贈寄付を取り巻く誤解

　また，遺贈寄付に関する誤解が遺贈寄付の実現を妨げているケースが非常に多くあります。これには，専門家が正しい遺贈寄付の理解を促していくことが重要です。遺贈寄付に対する誤解を解消することで多くの遺贈寄付が実現する可能性があります。

(1) 寄付はお金持ちが行うものという誤解
―1万円からでも十分支援できる

　遺贈寄付は多くの方が「お金持ちが行うもの」だと思っています。遺贈寄付に関する実態調査でも，遺贈寄付に対する印象は「お金持ちが行うことだと思う」という回答が全体の45.7％を占めており最も多いことがわかりました。また，筆者が行った相続実務家に対して行ったアンケート調査結果では，扱ったことがある遺贈寄付の案件の最低金額は100万円となっていました。そして，平均金額は5,000万円を超えていました。広く一般的に「遺贈寄付はお金持ちが高額な金額を寄付するもの」という印象が持たれています。

　しかし，実際に寄付先の団体の声を聞くと，「10万円でも子ども食堂で冷蔵庫を買うことができ，食料が保管できるようになる」「受験料が支払える」等，10万円以下でも十分に受益者へ支援できるという話が多く聞かれました。多くの人々は高額な金額でないと遺贈寄付はできないと考えている一方で，受遺団体は10万円でも応援の気持ちも含めて嬉しいという声を多数聞きます。

　また，少額（1万円からでも可）の相続財産での寄付についての意向を調査したところ，47.0％の方が「寄付してもいい」と回答していました。このことから少額でも寄付できることが分かれば，寄付希望者は大きく増える可能性があることがわかっています。

(2) 老後の資金が心配で遺贈寄付ができないという誤解

　「遺贈寄付に関する実態調査」の中でもう1点注目したいこととして「相続財産からの寄付を考えたことがない理由」について調査したところ，「今後の生活費や医療費が不安だから」と45.3％の方が回答していました。

　遺贈寄付は亡くなった後に残った財産から寄付するため，今後の生活費や医療費については心配する必要はありません。それを考えると遺贈寄付に対する正しい理解が行われていないことが窺えます。

また，「財産が残るかどうかわからない」という回答もありましたが，これも「財産が残らなければ寄付されない」だけであり，残すことを確約するわけではないという点が理解されていないことがわかります。

(3) 専門家の役割は遺贈寄付の誤解を解き正しい理解を促すこと

これらの調査の結果から，「お金持ちが行うもの」「老後の資金が不安だからできない」「亡くなる時に財産を残しておかないといけない」という誤解が，今まで遺贈寄付の実現を妨げてきたことが明らかになりました。

ここに，正しい遺贈寄付の理解を促していく専門家の重要な役割があります。遺贈寄付について相談を受ける専門家が，「少額でも遺贈寄付はできる」「亡くなった後に寄付するのだから，老後資金の心配をする必要はない」「遺贈寄付する意思を示したとしても，必ずそのための財産を残さなければいけないわけではない」ということをお客様に伝え，その誤解を解消することで多くの遺贈寄付が実現する可能性があります。

コラム　　　　　**少額遺贈寄付のすすめ**

私（三浦）が運営する日本承継寄付協会が発足当初から一番に打ち出してきたのが，この少額遺贈寄付です。

先述したとおり，遺贈寄付というと多くの方は「お金持ちがするもの」というイメージがあるようです。

では，寄付先団体とすれば少額の寄付はいらないかというと，そんなことはありません。少額でもできることはたくさんあり，金額に制限はありません。

数万円でも10万円でもできる活動はいろいろあり，数が集まれば大きな金額になるにも関わらず，大金でないと遺贈寄付ができない（もしくはしたくない）と思ってしない人がいる。ここに，寄付者や一般の方と受遺団体側に大きな認識のギャップを感じました。

寄付には「共感による応援」の意味もあるので，同じ100万円でも1人から100万円の寄付を受けるよりも10人から10万円ずつの寄付を受ける方が応援してくれる人数が多いということになるので，受け取る側の団体やその先の受益者の方にとっても励みになるはずです。

　高額なものしか遺贈寄付できないという誤解のもと「自分には無理」だと思っていた方でも，少額でも可能なのであれば，「自分の想いを託してみたい」「社会に恩返しをしたい」と思うこともあると思います。実際に今まで私が講演活動を行う中でも，多くの方から「少額であればやってみたい」という声をいただきました。そもそも「遺贈寄付」という時点で亡くなった後の財産であり金銭的負担がなく，さらに少額ということであれば，社会貢献したいけど金銭的負担が心配という方の不安がかなり軽減されると考えられます。

　多くの社会課題の解決はまず知ることから始まります。

　「少額でも可」としてハードルを下げることによって多くの方が遺贈寄付に興味を持ってもらい，それにより社会が抱えている課題を知ることに繋がる。これが私たちが少額遺贈寄付を勧める大きな理由です。

　また，少額遺贈寄付には，親族とのトラブルになりにくいというメリットもあります。身近な親族がいた場合，財産の半分や全部等の多額の寄付をすることは反対されたり，遺贈された後に受遺団体とトラブルになることも考えられます。しかし，少額であればそういった心配もないはずです。

　遺贈寄付は人生最後のお金の使い方です。生前に自分の好きなことにお金を使うように，亡くなった後のお金も本来は自由に使えるのです。財産の一部を使って自分の意思で社会に恩返しをする，一部の寄付によって財産の形を変えて家族に残すものをつくる等，寄付によって孫やひ孫，その先にまで残すもの作るのがプライスレスなお金の使い方だと思います。

　寄付は社会をよくするための活動に参加する機会だとすると，遺贈寄付のメリットは長い人生の中で，なかなかそのチャンスがなかった人でも「最後に残ったお金で私にもいつかできる」と思って残りの人生を過ごすことできることにもあると，私は考えます。

　遺贈寄付は人生の集大成の寄付なので，どうせやるなら大きな金額がいいと思う気持ちもあるでしょう。しかし，多くの方がそう思って参加しないよ

りも，もっとカジュアルに1人でも多くの方が参加できる社会の方が，課題は認知され，おもいやりのお金が循環します。「恩返しとして最後にどんな社会貢献を選ぼうかな」という気持ちで「自分の財産の託し先を選ぶ」ことが当たり前の文化になることを願って，私たちは活動を続けています。

【手続きを考えると，少額は割に合わない？】

遺贈寄付をするために，遺言書を書かないといけないとなると，少額遺贈寄付は手続き的に割が合わないと思うかもしれません。

しかし，そもそも遺言書は遺贈寄付のために書くものでしょうか？　遺言書は，遺された人が困らないため，相続手続きが簡単になるため，そして残してくれた人に感謝をするためにも必要なものです。遺贈寄付をするしないに関係なく遺言書は書いた方が良く，書く人にとっても残される人にとってもメリットは大きいといえます。家族に渡したい人はもちろんのこと，お子さんがいらっしゃらない方の相続は手続きが複雑なので遺言書の必要性は増します。遺言書のメリットについては多くの専門家が発信しているのでここでは割愛しますが，「遺言書のついでに」遺贈寄付の内容を「自分らしさや自分の想いを伝えるために一行加える」感覚で残せばよいと思います。遺言書を残すつもりがない方でも，後述するように「家族と本人の思い出としてする」「家族に想いを伝えておく」ようなものであれば，エンディングノートや口頭で伝えておくだけでも実現の可能性は高くなります。

私たちは，「お金持ちがするものだから遺贈寄付しない」「遺言書を書くのが面倒だから遺贈寄付しない」という遺贈寄付へのハードルを下げるためにも，少額の遺贈寄付を伝えていく必要があると感じています。

【少額遺贈寄付のメリットまとめ】
・多くの方が参加しやすくなり広がる結果，大きな資金が流れる
・寄付先にとっても受け取りやすい
・親族とのトラブルになりにくい
・相続財産からの寄付の場合でも，実現しやすい
・少額でも，相続人に対して印象に残るものを遺すことができる
・遺言書の最後に，「自分らしさの表現」として残すことができる

2 遺贈寄付が専門家にもたらす可能性

1 より深くお客様から感謝される

　相続は財産を残す本人にとって「人生最後のお金の使い方」であるにもかかわらず，相続の現状は「本人の意思やその人らしさ」をあらわすお金の使い方になっているケースがほとんどありません。相続をサポートする専門家も，もめない方法や節税の方法をアドバイスするばかりのように感じます。

　相続は人生に一度しか訪れません。人生100年といわれる時代に一度きりの相続がもつ意義はより大きなものになると思います。相続の実務をする専門家が依頼者であるお客様の「人生の最後にどういった自己実現を望むのか」「家族や社会に何を遺したいのか」という意向を伺い，そのためのサポートをすることにより，お客様は「私の人生の最後の自己実現を手伝ってくれた専門家」として，「他の人ではなくあなたに依頼してよかった」と思い，より深く喜んでもらうことができるはずです。

　実際，筆者も遺贈寄付の仕事をするようになって，お客様からの感謝のされ方がずいぶんと変わりました。遺贈寄付の遺言書を書くためのサポートを終えた後，「本当にありがとう。本当にありがとう」と何度もお客様からお礼を言われたことは一度や二度ではありません。末期がんの方が，自分の人生を振り返って遺贈寄付の寄付先を選択し，遺言に残せたというときには「最後にきちんと自分が社会に恩返しできてよかった。実現を手伝ってくれて本当にありがとう」と涙を流して喜んでいただけました。

　遺贈寄付する理由は人それぞれですが，寄付の遺言書作成のお手伝いをしてきた方々の本当に満足そうなお顔は今でも忘れられません。専門家として仕事をしてきて一番感謝をされたのは，遺贈寄付の遺言書作成のお手伝いをしたときといっても過言ではありません。そういう時は本当にこの仕事をやっていて良かったと心から思います。

　仕事を通じて依頼者に満足してもらえ，同時に社会課題の解決につながり，自分自身もその手伝いができる，本当にやりがいのある仕事です。

　依頼者の想いと財産を未来に届け，生きたストーリーを遺し，ともに未来をつくる。それは相続実務家だからこそできる仕事であり，私たちが動くことで変わる未来なのです。

2　ビジネスを通じて社会課題を解決できる

　昨今，「パーパス経営」という用語が注目されているように，今後はビジネスをする上でも「私たちはビジネスを通じてどのように社会課題を解決していくか」を考え，実行していくことが求められていきます。それは「同じものを購入するのであれば，社会にとって良いことをしているところから購入したい」という消費者のニーズが高まっているためです。これは大企業に限った話ではなく，市場のニーズとして今後より顕著になっていくでしょう。実際に欧米では既にこの動きが顕著になっています。

　相続の仕事においても，利益だけを追求している相続実務家と社会課題の解決も視野にいれながら業務をしている相続実務家では，後者の方が選択されやすい時代になっていくでしょう。

　ただ，自社のイメージアップでボランティアやCSRというと，一般的には本業以外の時間を使うことや本業で稼いだお金を寄付するということになり，ビジネスを通じて社会課題を解決するというのは通常の仕事であればなかなか難しいと思います。

　この点，遺贈寄付に関する仕事は社会課題の解決に繋がる仕事であり，遺贈寄付の専門家として活動することは，「社会課題の解決にも取り組む相続実務家」としての地位を得ることでもあります。相続実務家としてこれからの時代を生きる上では，このような活動がもたらす意義は極めて大きなものとなるでしょう。

　この時代の流れを筆者自身，実感しています。遺贈寄付の仕事をするよう

になって以降，雑誌やテレビからの取材が急に増え，今回もこういった形で出版の機会となりました。

　また，依頼者の遺贈寄付のサポートを通じて，社会課題を解決する団体に資金を届けることで社会課題の解決に貢献できる。それとともに，人生の集大成として残った財産を社会のために役立てたいというお客様のニーズを叶えられるこの仕事は大きなやりがいを感じられます。

　筆者自身もその経験を積むほどに社会的意義の大きさをひしひしと感じるようになり，今は遺贈寄付を社会に広めることに強い使命感を持って取り組んでいます。

　自分のためだけに仕事をするよりも，他者のためを思って仕事をした方が力が湧くということを多くの方が経験したことがあるのではないでしょうか。

　筆者は遺贈寄付推進の活動を自分のためだけに行おうと思うと勇気がでませんでした。しかし，活動することで自分の子どもや未来の子供たちのためになると思うと力が湧きました。遺贈寄付に出会わず司法書士としての活動だけしていたら，ここまで大きな力が発揮できることはなかったと思うと本当に人生において関わることができて良かったと思っています。

3　新たなご縁やビジネスに繋がる

(1) 富裕層も遺贈寄付に興味を持っている

　相続財産の行き先に困っている方だけではなく，会社経営者や事業に成功した方も遺贈寄付に関心を示します。また，稼いだ財産をどのように社会に役立てるかに強い関心を持っており，寄付や遺贈寄付について相談したいという方も少なくありません。

　「事業で成功したので社会に貢献したい」「お金は十分に稼いで買いたいものは何でも買えるが，なぜか満足できない」という方々の多くもまた，自分の稼いだお金を使ってどのように社会に貢献できるかという相談先を探して

います。そういった相談にものることができれば，既存のお客様からより深い信頼を得ることや，新たなご縁につながったりします。

筆者も遺贈寄付の専門家として活動するようになってからは，上場企業の会長や社長，資産家，投資家といった富裕層の方々や政治家，行政からお声がけいただくことが増えました。また，そういった方々からさらにその周囲の方にご縁が広がっていくことも珍しくありません。

実際に後述する承継寄付診断士講座で遺贈寄付について学んだ方の中には「顔は合わせていたけどそれまで接点のなかった富裕層の方に寄付についての話をしたところ，実はずっと大学の部活動に寄付をされている方で大変話がはずみ次のアポイントにつながった」という方や「遺言の相談を受けた際に，『今，承継寄付について学んでいます』と話題に出したところ，依頼者の方がボランティア活動をしておられたため遺贈寄付に興味を持っていただけた」という方もいました。また，名刺交換の際に筆者が寄付について話ができるとわかると「実はね，今まで相談できる人がいなかったんだけど…」と人生を振り返る話や社会貢献への欲求を語ってくれるようになり，より深い信頼関係が形成できることも少なくありません。

「寄付」は自分で社会をつくるお金の使い方を選択する行為であり，より良い未来を願う人達との共通言語となり，話題がはずみます。

(2) 相続や終活の専門家としての大きな強みとなる

日本承継寄付協会に寄せられる問い合わせのなかには度々「任意後見や遺言の相談をしている専門家はすでにいるが，寄付についての相談には乗ってくれないので，私が思っている財産の遺し方ができない」という相談があります。こういった相談を受けた際に，基金を創設する方法や不動産を寄付する方法，包括遺贈でも可能な場合があることなどを案内すると，「目の前が明るくなりました。こういう相談先を探していたのです」と大変喜んでいただけます。

例えば，大学に寄付する場合には，研究を指定したいケースや名前を残し

たいケースなどがあります。その場合にどのようにすればいいのかひとりひとりの希望に沿った寄付を実現することも可能です。

　寄付や社会貢献に興味をお持ちの方が終活について専門家に相談する場合，その専門家が寄付や遺贈寄付について詳しくなければ不満を持たれる要因にもなりかねません。

　逆に今後は遺贈寄付についても相談に乗ることができるということは，数ある相続や終活の専門家の中から自分を選んでもらうための大きな強みとなります。「相続の1つの選択肢」として遺贈寄付の認知度が高まっていけば，これは必須の強みになるのではないかと思います。

4　遺贈寄付の相談から相続関連業務を受注する

　遺贈寄付の相談というと，単に寄付についてだけでなく，生前の相続対策である遺留分対策や任意後見や信託等の認知症対策の検討も必要になる場合もあります。また，おひとり様からの相談が多いことや，包括遺贈での財産移転以外の実務的な処理のために死後事務委任や生前の見守り契約等もあわせて考えなければいけないケースが多くなります。

　受遺団体が寄付者の相談を受けた場合，団体の活動内容の案内や財産の受け取りについての判断，資金の利用方法や遺贈寄付の方法の案内はすると思いますが，それ以外の相談に応じることはあまり想定されていません。

　この点，相続実務家であれば，遺留分対策や相続税対策，死後事務委任，見守り契約などは業務として受けることができるため，遺贈寄付を実行する上で必要なことについても対応することができます。

　相続対策等は必要ないと思っている方でも，専門家に遺贈寄付の相談をする中で相続対策の必要性に気付かれ，その結果，その専門家に相続対策もお願いする。このような形で遺贈寄付の相談から他の業務の受注に繋がることは少なくありません。

3 寄付者に寄り添う専門家になるために

1 寄付の専門資格（承継寄付診断士）

　遺贈寄付が専門家にもたらす可能性がわかったとしても，実際に遺贈寄付の相談を受けた際にはどう対応すればよいのか戸惑う方もいるかもしれません。また，過去に遺贈寄付の相談を受けたことがあったときに紹介した寄付先はお客様の大切な財産の行き先として，はたして最適な寄付先だったのかと疑問に感じた方もいると思います。

　単に遺贈寄付の相談といっても，お客様に言われた寄付先を遺言書に載せるだけでは，より喜ばれるサービスの提供とはいえません。

　一般の寄付と違い遺贈寄付の場合は，「不動産の有無」「名前をつけたいかどうか」「税務控除あり希望か」「モノを残したい，作りたい希望はあるか」「何年にも渡って残したいかどうか」「遺言以外で残したいか」など，幅広い選択肢の中からその方の希望をヒアリングし，ご要望に沿う形を一緒に考えた上で提案する必要があります。

　そのような課題を解決する機関の1つに筆者が主催する一般社団法人 日本承継寄付協会があります。

　日本承継寄付協会では，誰もが気軽に遺贈寄付ができる社会を目指しており，その第一歩として安心して相談できる専門家を全国に増やすことを目的として，寄付について学べる「承継寄付診断士研修」を開催しています。

　この研修はクライアントからの財産や様々な相談の際に，寄付の相談にも応じることができるようになるために，「法人，個人にとっての寄付をすることの意義」「専門家として寄付の相談に応じることの意義」「寄付もしくは遺贈寄付についてのヒアリングの仕方」「寄付先の選び方」を学べます。これを通じて，クライアントのご要望に沿う寄付の仕方を提案し，最適な寄付先を選べる力が身に付きます。研修を修了された方には「承継寄付診断士」

の資格を認定しています。

　今，弁護士や司法書士，税理士，金融関連の方など，相続の仕事に携わる方を中心に，この資格を取る方が増えています。

2　専門家がいたからこそ実現した寄付

　イギリスの内閣府と Charity Aid Foundation が行った調査によると法律の専門家が遺言書を作成する際に何も言わない場合に遺贈寄付をするという遺言を残した人は 4.9 ％だが，遺言書作成の際に専門家が遺贈寄付について他の寄付者の例をあげて具体的にアドバイスしたところ遺贈寄付を選択する人が 15.4 ％に増えたという事例がありました。相続の専門家によるアドバイスが肝要だということがわかります。

　前述の承継寄付診断士の資格を取得した司法書士の方のところに遺言作成を希望するお客様がいらした際の話です。その司法書士が話の中で遺贈寄付の話をしたところ，お客様がボランティアをされていることもあって遺贈寄付に興味をもち，遺言書の最後の一行に少額の遺贈寄付の内容を追加したことがありました。そのお客様は自分の亡くなった後に遺贈寄付という形で社会貢献できることを知りとても喜んでくださったそうです。少額の遺贈寄付であれば，相続人の方が遺言を開けた際，「そういえばお母さん，ボランティアに行ってたよな。お母さんらしい最後のお金の使い方だな」と温かく優しい気持ちになれるでしょう。その司法書士の一言がなければ，そのお客様は遺贈寄付という選択肢を知ることがなく，また寄付先にはその応援のお金が届くこともなかったでしょう。

　税金だけでは解決できない課題が山積する日本社会において，遺贈寄付に詳しい専門家の役割はより重要になっていきます。

　さらには，資金の世代間循環だけでなく地域間循環を実現するためにも，各地で遺贈寄付について理解を深めた専門家と寄付先や行政が連携していくことも重要です。

3　専門家としての立ち位置と心構え

筆者たちのところへ相談がくるお客様からは，「寄付先の団体に直接問い合わせをするのは勧誘されそうでできない」「自分にとってどんな寄付をしたいのか自分でもわからない」という声をよく聞きます。

寄付のサポートをする専門家は寄付を募集する立場にはなく，寄付に興味を持った方に対して，その実現のお手伝いをする立場です。そのため，あくまでも中立的な立場で寄付者の意向に寄り添うことが求められます。

日本承継寄付協会では，寄付者の意向に寄り添うことを大事にしています。寄付はしてもしなくてもよく，寄付に興味のない人に無理に勧めたりすることはしません。一度寄付をすると決めたとしても気が変われば途中で辞めてもよく，興味がある人に寄り添うことで寄付者と社会にとって良い循環になることを目指しています。

多くの方の話を聞けば聞くほど，寄付という社会に必要なお金の流れを増やすためには1人でも多くの専門家が寄付の実現のお手伝いをすることが必要とされていると強く感じます。そして信頼できる相談先が増えることで，遺贈寄付が社会に普及していきます。

遺贈寄付を扱い広めていくことは，目の前のお客様に喜んでいただけるだけではなく，社会のためにも繋がります。

本書を手にとった方が，相続や生前対策と同じようにお仕事として「遺贈寄付」も取り扱い，全国で誰もが気軽に相談できるようになったとき，未来はきっと変わると筆者は信じています。

第3章

遺贈寄付の基礎知識と
相談を受ける際の注意点

1 遺贈寄付の具体的な方法

遺贈寄付の相談を受けるにあたり，まずは遺贈寄付には具体的にどういった方法があるかについて確認していきます。なお，本項目は一般の方向けの内容になっています。

遺贈寄付の方法は大きく分けると以下の方法があります。

1　遺言による遺贈寄付
2　相続財産からの遺贈寄付
3　信託による寄付
4　生命保険信託による寄付
5　その他の寄付

どの方法を選択するかによって，準備をする時期，契約の方法，相続税の計算方法，被相続人の意思の反映度合い等が変わってくるので，寄付者の意向を汲み取って選択する必要があります。

1　遺言による遺贈寄付

遺言によって財産を受遺者に渡すことを，民法では「遺贈」といいます。

遺贈は，「遺言」によって遺産の一部又はすべてを相続人以外の者や団体に無償で譲渡することをいうので，遺贈をするためには，遺言書の作成が必要です。「遺贈」は法律の形式に沿った遺言書でのみ行われ，エンディングノートやメモ，ビデオメッセージ等の方法ではできません。

したがって，遺言書がない場合にはたとえ本人に生前に寄付の意向があった場合でも，法定相続人のみに相続され，相続人が相続財産からの寄付をしないかぎり実現しません。

遺言書は民法の形式に沿ったものでないと無効になるため，それぞれ決め

られた様式があります。遺言書はこの様式の条件を満たしていなければ無効になります。遺言書には「自筆証書遺言」「公正証書遺言」「秘密証書遺言」の3種類がありますが，ここでは「公正証書遺言」と「自筆証書遺言」について紹介します。

(1) 公正証書遺言

　公正証書遺言は，公証役場において2人以上の証人の立会いのもと公証人が作成する遺言書です。公証役場で原本が保存されますので，紛失や偽造の心配がありません。財産額に応じた手数料がかかりますが，自分で書く必要がないので手間が少ない遺言書といえるでしょう。

　公証役場に突然行ってその場で遺言書ができるというものではなく，実際には下記のような流れになります。

|STEP1　原案の作成|

　遺言書の内容を検討し原案を作成します。遺言書については検討事項が多いので，どんな点に注意をしないといけないかは財産構成や遺言者の大事にしたいポイントによって異なります。

■　作成の際に注意すべきポイント（一部）

・財産をリストアップし，見落としがないか注意する
・財産の分け方や寄付先を決める
・法定相続人を確認して，遺留分がある場合には，どのような点に注意をすればよいかを検討する（※兄弟姉妹に遺留分はない）
・相続税がかかる場合に，遺言の内容によって，税額がどう変わるかを確認
・万が一財産を渡したい相手が執行時に存在しない場合（解散等していた場合）にどこに渡したいかも検討する

　STEP1で遺言について考えた内容と必要な書類を用意し，公証役場に予約をします。必要な書類については，遺言書の内容によっても異なりますが，戸籍関係や遺言者の印鑑証明書，財産の内容がわかるものとなります。

STEP 3　内容の確認

　事前に公証人に遺言書案を作成してもらい，内容の確認をします。当日は内容について口頭で確認して署名できる状況にするために遺言書は事前に内容をほぼ確定させておきます。

STEP 4　遺言書に署名・押印

　予約当日に公証役場に出向きます。証人2名の同席も必要です。公証役場まで行けない場合は公証人に出張してもらうことも可能です。当日は遺言書の内容を公証人が口頭で確認し，遺言者は遺言書に署名と実印を押印します。

Q₁ 証人はどんな人がなれる？

　証人は，①未成年者，②推定相続人，③遺贈を受ける者，④推定相続人及び遺贈を受ける者の配偶者及び直系血族等はなることができません。友人等に証人を依頼することも可能ですが，家族関係や詳細な財産がわかってしまうこともあるため，専門家に依頼される方が多いでしょう。

（2）自筆証書遺言

　自筆証書遺言の要件は，「遺言者が，その全文，日付及び氏名を自書し，これに印を押さなければならない」（民法968）とされています。パソコンで書いたものや，日付が抜けているもの，あいまいなもの等ひとつでも要件が抜けると無効になります。なお，法改正によって，財産目録はパソコンで作成したものや通帳のコピー等でも可能になりました。

　今まで筆者は相続の手続きで自筆証書遺言は何度か見てきましたが，不動産が一部抜けているケースや，財産の特定があいまいなものなど，判断に困るケースが多くありました。そのため，やはり公正証書で作成する遺言書がお薦めです。特に遺贈寄付の場合は，どの財産をどのような方法で寄付するか具体的に書く必要があり，相続人とのトラブルを避けるためにも専門家に相談して公正証書遺言を作成した方が良いでしょう。

Q₁　遺言書の撤回や一部訂正はできますか？

　民法は「遺言者は，いつでも，遺言の方式に従って，その遺言の全部又は一部を撤回することができる」と規定しています（民法1022）。

　撤回の方法は「〇年〇月〇日に作成した遺言を撤回する」等，前の遺言を撤回する趣旨の内容を記載すると新しく作ったものが遺言書としての効力を持ちます。遺言の方式に従っていればよいため，前の遺言が公正証書遺言であっても自筆証書遺言で撤回することも可能です。また，前の遺言書と抵触する内容の遺言書を後の遺言書で記載した場合には，前の遺言書の記載と抵触する部分が撤回されたものとみなされます。

【撤回や訂正の方法】

・前の遺言書を撤回する趣旨の内容を記載する
・前の遺言書に抵触する内容を記載すれば，その部分は撤回したものとみなされる
・自筆証書遺言の訂正は，遺言の場所を指示し，変更した旨を付記して署名し，変更場所に押印する

Q₂　複数の遺言書があった場合，どの遺言書が優先されますか

　遺言書は何通も書くことができるため，気が変わる場合や，一部の財産の変更があった際に遺言を書き直すと，結果的に複数の遺言書が見つかるケースもあります。

　複数の遺言書が見つかった場合は日付に注目してください。日付が後の遺言書が前の遺言書と抵触するときは，日付が後の遺言書が有効となります。公正証書遺言と自筆証書遺言が出てきた場合でも，日付が後の遺言書の方を優先します。すべての財産

を網羅していないような遺言書や一部が抵触するような遺言書がある場合は，複数の遺言書が有効になる可能性もあります。

	公正証書遺言	自筆証書遺言 （保管制度を利用した場合）
記載する人	公証人が記載 本人は署名・捺印する	本人が全文自書 ただし財産目録についてはパソコンや通帳登記簿のコピー等でOK
どこで保管されるか	公証役場に原本が保管 正本と謄本が交付され正本は遺言執行者が保管することが多い	遺言書保管所
費用	公証役場の手数料（数万円〜）	保管する際に3,900円
執行時の手続き	正本が手元にあるので，死亡がわかる戸籍が取得できればすぐに始められる	遺言書情報証明書を法務局に申請する必要があり，出生時から亡くなるまでの戸籍等の添付や予約が必要
偽造について	偽造の心配はない	偽造の心配はほぼない
紛失リスクについて	原本と内容の情報が保管されるので，紛失の心配はない 全国どこの公証役場でも問い合わせ可能	法務局保管をすれば原本と内容の情報が保管されるので，紛失の心配はない 法務局で検索可能

コラム

遺言書さえ作成すれば安心？

　自分の意思で行う遺贈寄付には遺言書が必要ですが，遺言書を作成したからといって安心してはいけません。遺言書を作成しても見つけてもらえなかった場合や，見つかったとしてもその遺言書がはじめからなかったことにされた場合，その遺言がなかったものとして通常の相続手続きがなされます。自筆証書遺言を自分で作成して家の引き出しにしまっていた場合は，一部の相続人が見つけても見なかったことにされてしまえば寄付は実現しないのです。

　公正証書を作成して信頼できる遺言執行者に遺言書を預けておく方法や，

信託銀行や専門家に依頼しておく方法，自筆証書遺言を法務局に預けて亡くなった際に遺贈の受け取り先に通知される方法を選択する等，遺言が確実に実行される方法を選びましょう。

【遺言が実行されるためのポイント】
・公正証書遺言を作成して，遺言執行者に預けておき，亡くなったときに親族から知らせてもらう。
・自筆証書遺言を法務局に預けて，通知制度を利用する（64頁参照）。

2　相続財産からの寄付

相続人が相続によって受け取った財産の一部又は全部を寄付をする方法を「相続財産からの寄付」といいます。寄付を受ける団体へのヒアリングの中でも，今までの遺贈寄付の方法の中で最も多かった方法がこの相続人による相続財産からの寄付です。

(1) 被相続人の意思を考慮して相続人が寄付をする場合

寄付をしたいという意思はあっても「遺言を作成することや信託等の契約をするのはハードルが高くてできない…」という方には良い方法です。「私は寄付をしたいと思うけど，寄付するかどうかは相続人に任せたい」という場合にもこちらの方法を選択されるとよいでしょう。

この方法は相続人が一旦受け取った金額の中から，相続人の意思で寄付先に寄付をするため，いくら本人（被相続人）に遺贈したいという意思があったとしても，寄付するかどうかの判断は相続人に委ねられます。寄付するかどうかの最終判断は相続人に任せたいという方には適した方法です。

一方，「私はこの団体に寄付をしたい」「○○の分野に使ってほしい」という思いを確実に叶えたい場合は，遺言書の作成，信託等の契約による方法を選択された方がよいでしょう（遺言による遺贈寄付）。

具体的な手続きとしては，生前に相続人に対して，「○○円を○○という団体（○○の活動をしている団体等の分野）に遺贈寄付したい」といったことを，メモやエンディングノートで残しておく方法があります。あらかじめ相続人に寄付の希望を話しておく方法もあります。

　あらかじめ相続人には伝えずに相続人の意思に委ねたい場合は遺言書の付言事項に希望を記載する方法もあるでしょう。その際，相続人が寄付をすることに理解がなければ寄付は実行されないので，なぜ寄付をしたいのか理由も併せて伝えておくとよいでしょう。その理由は寄付の金額とともに寄付先に届き，その思いは寄付先の活動の原動力にもなります。

相続財産からの寄付が向いている方	相続財産からの寄付が向いていない方
・遺言を用意したり，信託等の契約はしたくない ・寄付をするかどうかは，相続人に任せたい	・応援したい団体がある場合等，確実に遺贈寄付を実行したい方 ・相続させたい相続人がいない方 ・相続人に手間をかけたくない方

（2）相続人自らの意思のみで相続人が寄付をする場合

　被相続人の意思とは関係なく相続人の意思で相続された財産から寄付をする場合もこちらの方法が取られます。

　「母からもらった財産ですが，母は生前子供たちの貧困問題に胸を痛めておりました。私の生活は困っていませんが，母はきっとこういうことにお金を使いたかったと思います」と言って遺贈寄付を選択された方もいました。

　また，相続税の税率が高い方が，税金で納めるのではなく自分の意思で社会課題の解決をしたいと思う場合に，寄付を選択されることもあります。相続財産からの寄付と遺言での遺贈寄付では，寄付に関する税金が異なるケースがあります。詳しくは第5章の税務の部分を参考にしてください。

3　信託による寄付

　「信託による寄付」は，委託者（お金を預ける人），受託者（信託銀行等のお金を預かる人），受益者（利益を受ける人）で契約をして寄付をするものです。信託銀行等が取り扱う商品（金融サービス）と民事信託といった個人間での契約の方法があります。

（1）信託銀行等と契約する場合

　遺言書を書きたくないけれど一部の財産（金銭）を確実に寄付したいという方が，信託銀行等と契約をすることによって寄付がされます。寄付先の選択肢があらかじめ決まっているケースや最低取扱額の設定もありますので，あらかじめ契約をしたい信託銀行に確認をされるのが良いでしょう。

①　遺言代用信託

　金銭を信託しておけば，相続手続きをしなくてもご自身が亡くなった際にあらかじめ指定した相手に財産を引き継ぐことができるため，遺言の代わりになります。受遺団体だけではなく，相続人等の特定の人に引き継がせたい場合にも使えます。亡くなった後の財産の受取り時期や方法を指定することも可能です。

②　特定寄付信託

　寄付する方が，信託銀行等に金銭を信託で預け，信託銀行が契約を締結している公益法人等の中から寄付先を選び指定します。寄付をした先の公益法人等からは，定期的に報告を受けることができ，安心して寄付をすることが可能です。また，信託された財産については運用でき，その運用益は非課税になるためより多くの寄付をすることができます。

メリット	デメリット
・遺言書がなくても寄付できる ・信託銀行等が寄付の執行をしてくれるので，寄付先が存続する限り確実に寄付される ・期間を決めて分割で寄付をすることができる	・現金の寄付のみ ・契約時に寄付する財産を預ける必要がある（やむを得ない場合は解約も可能） ・原則，あらかじめ決められている寄付先一覧の中から寄付先を決める（一部例外あり） ・原則手数料無料だが，かかる場合もある ・信託契約していない財産について，別途遺言書の作成が必要になる

③　公益信託

　公益財団法人と同様の機能を持っていますが，法人の設立が不要であり事務手続きも信託銀行が行います。一定の公益目的のために受託者である信託銀行に財産を信託し，その財産が管理・運用されます。信託期間中に運営委員会が開催され受託者は，運営委員会等の助言・勧告に基づき，その公益目的に沿った助成先への助成金の交付を行います。

（2）個人間での契約をする場合（民事信託契約）

　家族間で信託契約をするケースが年々増えています。その際に，受益者や財産の帰属先として寄付先を指定する方法もあります。遺言での寄付と違い，信託設定の際に受託者（財産を託されて管理する人）も決める必要があるため，個人で行う際には遺言書を作成する方が手軽です。ただし，遺言では達成できない目的がある等，信託を必要とする場合には，信託契約での寄付を検討してみる価値もあります。

4　生命保険信託による寄付

　生命保険信託を利用して，亡くなった際の死亡保険金を寄付先へ寄付する方法です。通常の生命保険は死亡保険金の受取人は相続人や一定の関係人に限られます。しかし，生命保険信託を活用することにより，死亡保険金は信

託会社に支払われ，信託会社からあらかじめ契約で決めておいた寄付先に一括もしくは分割で寄付がされます。

　財産の行き先を第2順位まで決めておけるため，例えば配偶者がいるうちは万が一の際の保険金は配偶者が受け取るが，配偶者がすでに亡くなっている場合には寄付先に寄付されるという方法をとることができます。

　老後の年金のために生命保険に入るケースで特に死亡保険金を渡したい人がいるわけではない場合にも，検討されるようです。自分に万が一のことがあったときに年金を受け取ることができなくてもお金が社会の役に立つと思うと無駄にならないといった理由からです。

　また，月額で少しずつ掛金をかけるタイプであれば，まとまったお金を用意しなくても少しずつ積立てができ，自分が必要なときには解約もでき，万が一の際にはまとまったお金が寄付できるというメリットもあります。

メリット	デメリット
・遺言を書く必要がない ・信託銀行等が寄付の執行をしてくれるので，寄付先が存続する限り確実に寄付される ・期間を決めて分割で寄付できる ・万が一の際や，老後には解約して解約返戻金を使うことができ，使わないうちに死亡した場合で配偶者等の渡す人がいない場合は社会貢献に使うことができる	・契約時に寄付する財産を預ける必要がある（やむを得ない場合は解約も可能） ・寄付できるのは，支払われる死亡保険金のみで保険契約していない財産は寄付できない ・信託契約の際に所定の手数料がかかる場合がある ・寄付されるのは死亡時だが，毎月の掛金が手元から出ていく

■ 遺贈寄付方法の違い

	遺言書での遺贈	相続財産からの寄付	信託・生命保険
遺言書の有無	必要	不要（メモ，エンディングノートで可能）	不要（別途契約が必要）
財産の移転時期	死亡時	死亡後	契約時に財産を渡す
本人の意思が確実に叶う	○	寄付するかどうかは相続人次第	○
財産の規定がある	なし	なし	最低金額が100万円等決められている場合がある
全財産の包括遺贈や不動産等の遺贈が可能	○	遺贈ではないので，不可（ただし，相続人から不動産を寄付することは可能）	金銭のみ

（注）税金の取扱いについては79頁を参照してください。

5　その他の寄付

（1）死因贈与契約による寄付

　遺言や信託と同様に故人の意思で寄付をする方法として，死因贈与契約による寄付があります。

　死因贈与契約は，生前にすでに財産を渡す相手が決まっている場合に，遺贈者（財産を渡す人）と受贈者（受け取る側）の間で，遺贈者が死亡することを条件に財産を受贈者に贈与するという贈与契約を結ぶことです。遺言書で意思表示をする遺贈は遺贈者の一方行為であるのに対して，死因贈与契約は遺贈者と受贈者の双方で契約をする必要があります。死因贈与契約を結ぶ場合は，遺贈者が寄付先に対して死亡を条件とした贈与の意思表示をし，寄付先がこれを承諾する必要があります。

　死因贈与には民法の遺贈の規定が準用され（民法554），相続税法上も死因贈与は遺贈と同じ扱いがなされます（相法1の3①一）。

　死因贈与契約は，不動産の場合に仮登記で登記の順位保全ができるため，死後にその不動産を確実に贈与したいときに活用されるケースを見受けます。

　現状の遺贈寄付ではあまり想定されるケースが少ないと思いますが，遺言書は形式に合っていないと無効になるため，遺言書の形式をとれない場合に寄付先が事前に承諾していれば，使うことも想定できます。ただし，財産の名義変更の際の手続きが煩雑である場合や，相続人の協力が必要なケースもあるため，事前によく検討する必要があるでしょう。

(注)　不動産の死因贈与の場合には必要な書類も複雑になるので，ご注意ください。

(2)　お香典からの寄付

　葬儀等に寄せられたお香典やお花代のお返しに代えて寄付をする方法もあります。故人の意思である場合も，遺族の意思によって寄付を決めることもあるでしょう。

　お香典は，故人や遺族への急な不幸で出費があるということへの，助け合いの意味も込められています。お香典返しは，いただいたお香典への感謝として贈られるケースもあるため，お香典をいただいた人への配慮や説明もあるとよいと思います。

　寄付先によっては，お礼状を用意してくれるところもあるので，お香典からの寄付を検討される場合は寄付先にご相談ください。

　税法上はお香典返しの寄付は，相続人からの寄付と考えられますので，一定の公益法人等に寄付をした場合には遺族の方の所得税の計算上，寄付金控除の対象にもなります。

1 特定遺贈

「金500万円を遺贈する」といった個々の財産を特定して行う「特定遺贈」の場合には受遺者である団体は，被相続人から当該特定の財産を承継する権利のみが与えられ，被相続人がマイナスの財産である債務を持つ場合でも，債務を承継する義務はありません。遺言の効力発生と同時に特定遺贈により財産の所有権が受遺者である団体に移り，相続財産は遺産分割の対象から外れるため，遺言執行者が寄付先へ財産の名義変更や引継ぎをし，手続きが終わります。遺留分を侵害しておらず，かつ寄付する財産が現金であれば，寄付先としては負担の少ない方法といえるので，多くの団体がこういった金銭での特定遺贈を希望しています。

2 包括遺贈

「包括遺贈」とは，被相続人の遺産のすべて，又は一部を一定の割合を示して贈与すること（民法964）で，「公益財団法人○○に全財産を遺贈する」「認定NPO法人○○に財産の○％を渡す」というように，渡す財産を具体的に指定せずに割合を指定する方法です。

(注)「○○銀行の預金のうちの○％」や「土地Aの2分の1の持ち分」と指定する場合には，特定遺贈となって包括遺贈ではありませんので注意が必要です。

包括遺贈には，遺産を1人の受遺者にすべて遺贈する「全部包括遺贈」と，複数の遺贈者に割合を指定して遺贈する「割合的包括遺贈」の2種類があります。

遺産分割協議が必要になる場合や，被相続人の負債を承継するリスクもあり，受遺団体によっては包括遺贈を最初から断っている団体もあります。事

前に受遺団体に相談することが望ましいでしょう。

　包括遺贈の具体的な注意点については 50 頁を参照してください。

	包括遺贈	特定遺贈
遺言書への記載方法	「すべての財産について包括して」「すべての財産について，○○法人に○○割を」等全体の財産もしくは割合的に遺贈する	「金○○円を」「下記の不動産を」等具体的に財産を特定して遺贈する
遺贈される財産	指定された割合の財産。相続人同様に債務も引き継ぐ	遺贈で特定の財産。債務は引き継がない
放棄の方法	家庭裁判所に申立てをする	遺言執行者（選任されていない場合は相続人）への意思表示
放棄の時期	包括遺贈があったことを知った時から原則 3 か月以内	期限はなし

（注）みなし譲渡所得税の問題については 53 頁を参照してください。

3 寄付先の選び方

1 寄付先を選ぶことの「難しさ」と「大切さ」

「遺贈寄付をしたい」という方がその理由として第1位に挙げているのは「何かしら社会貢献をしたいと思っているから」でした（「遺贈寄付に関する実態調査」2020年，2022年）。

その一方で，相続の実務家120名を対象とした調査によると，実際に遺贈寄付をした人が「相続財産から寄付をする理由」の第1位は「相続人にあげたくなかった」からでした。

多くの方が「何かしらの社会貢献をしたい」という理由で遺贈寄付に興味を持っているにも関わらず，実際に遺言書まで作成する強い実行意志があったのは，「相続人にあげたくない」気持ちからということがわかります。

このようなケースでは，寄付したい寄付先があるわけでもなく，解決したい課題について寄付者が具体的にイメージできていない場合も少なくありません。そのため，相談の段階では寄付先が決まっていないこともあります。同時に，相談先となる専門家も寄付先についての情報が乏しいため，結果として寄付先を選択することができない状況に陥ります。

寄付先を選ぶ工程は，自分が育ってきた環境や，何かに救われた経験，余裕があったらやってみたかったこと等，人生を振り返る良いきっかけになります。

相談のきっかけが「相続人にあげたくない」からという消極的な理由からの寄付でも，相談を受ける専門家が適切に相談に応じることができれば，お客様に対して寄付から得られる達成感や新たな目標，生きがい，働きがいなどを提供することができます。

2　寄付先の選び方

　遺贈寄付の相談を受ける実務家の方は「私にはわからないから先生に任せる」や「寄付にはあまり詳しくないのですが，どこかお勧めの寄付先はありますか？」と聞かれ迷ったことがあるのではないでしょうか。

　寄付先が決まっていないクライアントの場合には，まずは寄付する分野（子供の貧困問題，途上国支援，環境問題等）を特定する質問をすることからはじめ，分野が決まった後は団体の規模，エリアを特定する質問を投げかけて，候補を絞っていく方法があります。

(1)　寄付する分野を選ぶ

　まず，寄付する分野を選びます。分野を選ぶといっても，どのような分野があるのか，興味のある分野をどのように特定したらよいかがわからない方もいるでしょう。日本承継寄付協会のウェブサイト（https://www.izo.or.jp/）には寄付先の一例の紹介がされており，寄付先についての紹介冊子の無料請求ができるため，そういったものを活用するのもお勧めです。まずはどんな寄付先があるか知ることで寄付者のイメージも湧きやすくなるため，寄付先選びの導入ツールとしてクライアントの面談でも使えると思います。

　では，この多くの寄付先の分野の中からどのように興味のある分野に絞っていくのでしょうか。

　相談を受けた実務家は，クライアントとの会話の中でヒントを見つけ，対話を通じてクライアントのニーズにあうものを探していくことになります。分野を選ぶ作業は，人生の振り返りの作業でもあり，未来への想いを託す作業でもあります。その方が人生の中で大切にしていることがわかるため，こちらもあたたかい気持ちになれます。この対話はクライアントとの距離を縮め，信頼につながります。

　人気の遺贈寄付先について「遺贈寄付に関する実態調査 2021 年」で調査したところ，日本の子供の貧困問題に取り組む団体が第 1 位（全回答中 36 ％）

で，次いで被災地支援を行う団体（全回答中30％）という結果になりました。

これは，一般の寄付の希望寄付先とほぼ一致するものとなっています。

(2) 寄付するエリアや条件を選ぶ

次に，寄付する地域や条件を選びます。

日本で活動している団体，世界で活躍している団体，発展途上国等一部の地域で活動している団体，生まれ育った故郷など，地域を選ぶことによっても寄付先を絞ることができます。

大きな団体に寄付する方が安心という人もいれば，小さな草の根的な活動をしている団体を応援したい人もいます。

(注) ただし，小さな団体の場合はクライアントが亡くなって遺贈寄付が実行される時に受け取れるか（存在するか）というリスクも考える必要がありますので，別の団体を予備的に指定しておく方法や，公益財団内に基金を作成して助成する方法で寄付をするといったことも検討してもよいでしょう。

(3) 遺贈寄付の際の条件を選ぶ

寄付先の分野やエリアが絞られてきた後は寄付の際の条件を選びます。

通常の生前寄付では問題にならないのですが，遺贈寄付の場合は「現金以外の寄付」や「高額な寄付」になることや，亡くなってからの寄付なので「寄付先決定をしたタイミングと実際に寄付がなされるときにタイムラグがある」等のいくつかの条件によって選べる寄付先も変わってきます。

遺贈する財産は何か，包括遺贈か特定遺贈か，税額控除を考慮したいか，使途指定をしたいか，名前を残したいか等の多くの選択肢の中でひとりひとりの財産状況，寄付の目的，叶えたい分野，遺贈寄付の方法によって絞っていきます。

地域を選ぶ	規模を選ぶ	寄付する先の条件を選ぶ	
国内	有名団体	寄付金控除	オリジナルプログラム
特定の地域	小さな団体	不動産受入れOK	包括遺贈OK
海外	行政	複数に寄付したい	運用益で寄付したい
こだわらない	こだわらない	遺贈前に体験できる	名前を残したい
		選定をプロに任せたい	報告を受けたい

　遺贈寄付の場合には，下図のようなチェック項目を聞くことにより，より
クライアントのニーズを満たせることになります。

☐　税制優遇が受けることができる
☐　オリジナルプログラムを作ることができる
☐　不動産のまま受入れ可能
☐　不動産を施設や住居として活用してもらえる
☐　寄付金の使途指定ができる
☐　包括遺贈したい
☐　複数の団体に寄付をしたい
☐　遺贈前に，団体のプログラムやボランティアに参加できる
☐　名前を残したい
☐　運用益で長期的に寄付をしたい
☐　期間を決めて分割で寄付したい
☐　寄付先からの報告を受けたい
☐　草の根的な活動をしている小さな団体に寄付をしたい
☐　歴史のある組織の大きな有名団体に寄付をしたい
☐　選定をプロに任せたい

（出典：承継寄付診断士講座（日本承継寄付協会）の「寄付先の選び方」より一部抜粋）

（4）寄付の方法を選ぶ

　亡くなった後の財産を寄付する方法は前述のとおりいくつかあります。

　亡くなるまでは手元に資金を置いておける遺贈寄付のメリットを活かすた
めに遺言を用意する方が多いと思いますが，遺言を書きたくない方や簡単に

手続きしたい場合には信託商品や生命保険信託を利用する方法があります。自分の想いを確実に成立させたいか，相続人に任せたいかや税務面を考慮して，ご本人に最適な寄付方法を選びましょう。

また，中には「相続時まで待たずに今から寄付をしたい」という方もいるでしょう。想いを託す寄付先がどんなところか知るためにも，遺贈先候補に少しずつ寄付を始めてみることもお勧めです。

(5) 基金や財団を使って寄付をする

上記のような流れで相談に応じた場合でも，やはり自分で寄付先を選ぶことは難しいので専門家に任せたいという方もいます。その理由としては，自分で選ぶより専門家が選んだ方が信頼できる，選ぶことが面倒である，分野は決まっているので自分が亡くなって遺贈寄付が実行される時にお金が必要とされているところに寄付したい等があげられます。

そのような場合に，既にある公益法人の中に基金を作成する方法があります。今は300万円以上の拠出金で自身の財団法人を設立することができますが，設立後の維持費や助成をする運営費等を考えると既にある公益法人内に基金を作成する方が法人設立の手間を省き，公益法人に運営を任せることにより運営費や労力が大幅に削減できます。金額次第では複数年に分けて寄付をすることや，運用することで永続的に寄付することも選択できます。寄付先についても公益法人の場合は公募をして専門家が寄付先を選ぶことになるため，「自分の想いをきちんと届けたい」「専門家にきちんと選んでもらいたい」「小さな団体に包括遺贈や不動産の遺贈を複数年にわけて行いたい」といった希望も叶います。本当にこの団体でよいのだろうかという不安も，公益法人が公募で選んで助成してくれることで，解消される場合もあるでしょう。

最低100万円からでも基金の作成ができる公益法人もありますので検討してみるのもよいでしょう。ただし，基金の作成については「対応できるところが少ない」「具体的にどのようにしてよいのかわからない」という問題も

あります。具体的に検討を進める場合は，日本承継寄付協会の問い合わせ窓口など，専門機関より希望の基金が作成できる協会を紹介してもらう方法もあります。

3 寄付先選びの対話を通じて信頼関係を構築する

　今はインターネットで多くの寄付先を探すことができます。しかし，大量の寄付先情報の中から「どこが信頼できる寄付先で，私のお金を託せるか」を見つけることは難しいでしょう。そのため，遺贈寄付をしようとする方の多くは寄付先の選択に悩まれています。

　先日も筆者が相談を受けた「子供の教育費」に関心のある方にいくつかの信頼できる寄付先をご紹介したところ「私には，どこにどんな寄付先があるかを知る方法がないから本当に有難い」と言っていただきました。

　専門家としてクライアントが得ることが難しい情報を提供できることが付加価値となり信頼関係の構築につながります。ひとつひとつの寄付先に詳しくなるのは難しいと思いますが，遺贈寄付についての信頼できる情報を届けられるようになることで，クライアントの満足度は格段にあがるでしょう。

4 相談を受ける実務家が気を付けるべきこと

遺贈寄付の相談を受けるにあたっては，実務上，様々な注意点があります。筆者の経験上，注意が必要と思われる点についてポイントをまとめます。

1 遺留分について

(1) 遺留分とは

被相続人は，自身の財産の承継先を遺言により自由に定めることができますが，一定の範囲の相続人が最低限度の遺産取得割合をもらえなかったときに請求できる権利があり，これを遺留分といいます。

遺言にどのような内容を記載するかは遺言者の自由です。しかし，「全財産をAさんに遺贈する」といった遺言の場合，残された家族の生活が困る可能性もあります。そのため，民法では財産を取得できなかった相続人に最低限の権利として遺留分という権利を認めています。

兄弟姉妹等以外の相続人がいる場合に，遺贈寄付によって遺留分を侵害する遺言を残したとき，遺留分権利者である相続人から遺贈先に対して遺留分侵害額請求がなされると，遺贈の効果が遺留分の割合に応じて否定されます。そのため，遺贈寄付をする際にはこの遺留分に留意する必要があります。

遺留分を侵害している遺言を残し，相続人が遺贈先の団体に対して遺留分侵害額請求をした場合は，遺贈先団体と相続人との交渉が必要になり，価額の評価方法を巡って紛争になるときもあります。遺言書作成の際には本人の意思を尊重しつつも遺留分に配慮した遺言書の作成が極めて重要だといえます。

遺言者はよかれと思って全財産を寄付しているケースが多いので，遺留分について，受遺団体に請求される可能性を説明した上で手続きを進めるのが

よいでしょう。

(2) 遺留分についての注意ポイント

遺留分がどのくらいの割合で認められるかは，誰が相続人になるかによって異なります。遺留分は被相続人の配偶者，子ども，孫などの直系卑属，親，祖父母などの直系尊属に認められていますが，兄弟姉妹（代襲の場合の甥姪）には認められておりません。

兄弟姉妹以外の相続人に認められた権利となっているので，兄弟姉妹が相続人であるような場合には遺留分は認められていないことに注意が必要です。

■ 遺留分の相続財産に対する割合

配偶者のみ	2分の1
子のみ	2分の1
直系尊属のみ	3分の1
配偶者と子	配偶者が4分の1，子が4分の1
配偶者と父母	配偶者が3分の1，父母が6分の1
兄弟姉妹	遺留分なし

(注) 遺留分を有する相続人が複数いる場合は，遺留分を法定相続分により分け合うことになります。例えば，相続人が配偶者と子が2名の場合，子の遺留分4分の1を2名で分けることになるので，子1名あたりの遺留分は4分の1×2分の1=8分の1ずつとなります。

遺留分に反した遺言も無効ではなく，遺留分侵害されている配偶者や子等の相続人が「遺留分侵害額請求権」を主張してはじめて実現します。基本は被相続人の意思が尊重されるので，遺留分権利者が請求しない限り，侵害されている遺留分が自動的に戻ってくるという性質のものではありません。

例えば，子供や配偶者といった遺留分がある相続人がいる場合に「全財産を○○団体に遺贈する」という明らかに遺留分を侵害している遺言内容になったとしても，ただちにそれが否定されるわけではなく，その遺言は有効です。子や配偶者の中で遺留分侵害額請求をしたい人がいれば，それぞれ自分の権利を主張して遺留分の請求がなされます。

Q₁ 遺留分侵害額請求権を請求する際の遺産の計算方法は？

「残された財産額＋下記財産」から負債を引いたものの価格が原則になります。
・贈与者と受贈者双方が遺留分権利者に損害を与えると知りながら行われた贈与
・一部の相続人に対する相続開始 10 年以内の贈与（相続人への特別受益）

Q₂ 相続放棄したものにも遺留分はありますか？

相続放棄手続きをした人は遺留分を請求することができません。同様に相続欠格や廃除された場合にも遺留分はありません。

Q₃ 遺留分は放棄できますか？

遺留分権利者であっても遺留分を請求するかしないかは自由です。遺留分侵害額請求をしない場合は，特に何の手続きもする必要がありません。相続開始前に放棄をすることができますが，その場合は家庭裁判所の許可が必要になります（民法 1049）。

Q₄ 遺留分侵害請求権に時効はありますか？

遺留分権利者が，相続の開始と遺留分を侵害する贈与や遺贈があったことを知った時から 1 年で時効となる事が定められています（民法 1048）相続の開始や贈与や遺贈を知らなくても，相続開始から 10 年を経過してしまうと請求権が消滅します。

Q₅ 遺留分と相続分の違いは何ですか？

相続人間での相続財産の分け方の目安となる「法定相続分」とは異なり，あくまで「遺贈や贈与によって特定の法定相続人が財産をもらえなかったとき」に遺留分は発生します。遺留分は通常の相続分の原則 2 分の 1 と覚えておくとよいでしょう。

ただし，兄弟姉妹（亡くなっている場合に代襲相続人）に法定相続分はありますが，遺留分はありませんので注意しましょう。

Q₆　遺留分はお金で要求されるものですか？

　2019年7月1日に施行された改正民法（相続法）により，従来「遺留分減殺請求権」と呼ばれていたものが，「遺留分侵害額請求権」へと変更されました。これによって，請求は現物ではなく金銭で行うべきものとされました（民法1046①）。

2　相続人への配慮と遺言書の付言事項の活用

　たとえ遺留分を侵害していない遺言であったとしても，相続人が被相続人の財産の相続を期待していた場合に，相続人と受遺団体との間でトラブルになる可能性もあります。例えば相続人が兄弟姉妹のときに「NPO法人○○に全財産を遺贈する」との遺言書だけが残されていたら，「寄付先の団体に騙されたのではないか」や「無理やり寄付を迫られて断れなかったのではないか」「認知症で意思表示できなかったのに，寄付の遺言をつくらされたのではないか」等の疑念が生じることがあるからです。

　受遺団体の活動に貢献したいから残した遺贈寄付の遺言書が原因でトラブルに発展してしまうのでは本人の想いに反するはずです。

　このようなトラブルを避けるためにも，遺言書の付言事項の活用をお勧めします。付言事項とは遺言書において法的効力を与えることを直接の目的としない記載事項のことをいいます。例えば，家族へのメッセージや葬儀・納骨に関する希望などです。

　付言事項に，なぜこの団体に寄付をしようと思ったかの動機や，自身の寄付や社会貢献活動への想いを記載することで本人（被相続人）の意図や心情が伝わり，相続人たちの理解が得られる可能性も高くなるでしょう。

　また，兄弟姉妹が相続人の場合は遺留分がありませんので，たとえ全財産を寄付したとしても遺留分を主張することができません。だからといって何も考慮しないで全財産の寄付をしてしまうと，お墓や葬儀，法要等の問題が残る場合もあります。

付言事項の活用によりトラブルを防ぐ

　私は様々な受遺団体から遺贈寄付についてのお話を伺う機会があります。寄付者の思いはとても嬉しい一方で，本人がいなくなった後の高額の財産を受け取る際のトラブルや寄付を受ける側の苦労の声も聞きます。通常の寄付と違い，遺贈寄付は寄付される際に本人がいません。どのような意図があったのか確かめることができませんし，かえって困る財産の寄付があった場合でも本人に相談することもできません。

　高額の寄付や不動産の寄付等をする場合には，付言事項等を活用して寄付先も困らないような内容になるよう寄付しようとしている団体や専門家に相談しながら進めていく必要があるといえるでしょう。

3　包括遺贈での注意点

　❷2「遺贈寄付の種類」でもご紹介したように，包括遺贈には，遺産を1人の受遺者にすべて遺贈する「全部包括遺贈」と，複数の遺贈者に割合を指定して遺贈する「割合的包括遺贈」の2種類があります。

　割合的包括遺贈では，ひとつひとつの財産をどのように分割するかは，法定相続人のなかで相続財産を分割する場合と同様に遺産分割協議を行う必要があります。公益団体等に割合的包括遺贈がなされたケースでは相続人と受遺団体が一緒になって遺産分割協議を行わなければならない場合もあります。受遺団体によっては，全部包括遺贈の場合は，自団体の判断で限定承認ができるので遺贈を受けられるが，割合的包括遺贈の場合は他団体や相続人と足並みをそろえる必要があるのでお断りしているというところもあります。

　また，包括遺贈を受けた受遺団体は，相続人と同様の権利義務を持つことになるため，被相続人が所有していたプラスの財産だけでなく，マイナスの財産も承継する必要があります（民法990）。そのため，受遺団体としては包括遺贈を受ける際に被相続人の財産債務を精査する必要があり，場合によっては包括遺贈を受けられないケースもでてきます。受遺団体によっては，包

括遺贈の場合は一律お断りをしているという場合もあります。負債がないようなケースでも，親族と違い生前の寄付者の生活状況がわからないため負債があるかどうかを把握するのが困難な場合もあり，寄付先としても受入れの可否の判断に迷う場合もあります。遺贈寄付に慣れている寄付先団体でも「包括遺贈は原則受入れ不可又は条件付で受入れ可能」としているところが多く，断られる可能性も十分にあります。相談を受けた専門家としては，「お金で渡すのであれば問題ないだろう」と思って包括遺贈で遺言書を作成してしまうこともあるかもしれません。いざ遺贈寄付する段階になって断られることがないように，事前に受遺団体に相談することが望ましいでしょう。

　包括遺贈の放棄をする場合は，通常の法定相続人と同様に包括遺贈があったことを知った時から3か月以内に家庭裁判所に相続放棄の申立てをする必要があります。財産の調査や受入れの検討には時間を要する可能性があります。検討期間が3か月を超える場合，包括受遺者は期間を延長する申立てを期限内に忘れずにしましょう。

4　不動産での寄付の場合の注意点

(1) 不動産の遺贈

　自宅も含めた全財産の遺贈寄付や特定の不動産寄付の場合等，不動産を遺贈したいという例も増えています。「遺贈寄付に関する調査」でも，遺贈寄付に興味のある方の14％が不動産を寄付したいと回答しています。

　特に，おひとり様の場合で最後まで自宅で過ごすことを望まれるケースでは，不動産が寄付の対象財産になることもあります。

　不動産を遺贈寄付する方法として，現物のまま遺贈寄付する方法と遺言書で換価して寄付される方法（清算型遺贈）があります。不動産を現金に換えてから寄付するのか，不動産のまま寄付してから寄付先団体が現金に換えるのかによって，所有権移転の方法や順序等や関係する人，所有権移転の登録

免許税，課税関係も異なります。

（2）登記の問題

　不動産の遺贈は，遺言者の死亡と同時に受遺者に遺贈の対象となる財産の所有権が移転します。その際，遺贈の効力を第三者（相続人以外の者）に対抗するためには所有権移転登記等の対抗要件を備えることが必要です。不動産の移転登記の方法は，被相続人から受遺団体に直接移転します。遺言執行者がいる場合には遺言執行者が手続きを行い，いない場合には相続人全員の協力を得るか裁判所で遺言執行者を選任してもらい手続きを進めます。

　受遺団体が相続人に協力してもらうための交渉をするのは労力がかかります。遺言書で遺言執行者が選任されていれば，遺言執行者がすべての手続きを行うことができるので，遺言書作成の際には指定しておくとよいでしょう。

（3）不動産を現物で寄付したい場合

　不動産を寄付する場合，一般的にはお金に換えて寄付をする清算型遺贈とされることが多いです。しかし，中には不動産をそのまま使ってほしいと願う寄付者もいます。丁寧に手入れをしてきた思い入れのある家の場合や，立派な庭園や文化的建物等，家そのものに価値がある場合はそのままを守ってほしいと思う気持ちもあるでしょう。

　しかし，遺贈を受けた団体の活動目的に合致して不動産をそのまま利用できるケースは少なく，多くの場合は売却して現金に換えることになります。不動産を遺贈で受け取った後，売却できないような不動産だと受遺団体に管理コストがかかるため，売却できる不動産を寄付しないと受け取ってもらえない可能性が高くなります。不動産を寄付する場合は事前の相談をした方がよいでしょう。その際，不動産や本人が特定されたくない場合は専門家等に入ってもらい確認してもらう方法もあります。

（4）不動産をお金に換えて寄付する（清算型遺贈）場合

　不動産での受入れは現金での受入れに比べ手続きが煩雑でリスクもあります。不動産のままでの遺贈を断られる可能性もあるため，不動産を寄付する遺言書の作成の場合は事前に寄付先に相談するか，換価して現金に換えて寄付する方法をとることになります。通常は，不動産を売却した売却代金から売却にかかる費用や税金，生前の負債を清算して遺贈することからこの不動産を亡くなった後に売却して現金で寄付する方法を「清算型遺贈」といいます。

　不動産のまま遺贈するケースと違い売却するためには，相続人が不動産の取得をしないにも関わらず一旦法定相続分どおりの登記を入れる必要があります（遺言執行者がすべての手続きを行うことができます）。

　清算型遺贈では，亡くなってから不動産を売却するまで時間がかかってしまうケースが想定されますが，他の相続人が遺贈を良く思っていない場合には法定相続分で登記を入れて第三者に売却してしまうというリスクもあります。したがって，清算型遺贈をする場合には，死亡時から売却までをすみやかに行う必要があるので，その点は注意をしましょう。

5　みなし譲渡所得税

　不動産や株式等の遺贈の際に注意すべきポイントとして最も大きく，忘れてはならないのは「みなし譲渡所得税」の問題です。

　みなし譲渡所得税は，不動産等の特定遺贈をする場合に，時価で売却されて譲渡益が出たものとみなされて所得税が課税されることをいい，利益を受けるのは寄付先の受遺団体であるにも関わらず，不動産にかかる譲渡所得税は相続人が支払う必要があります。不動産の遺贈の際には実務上はこの部分が問題になることが多く，相続人からすると「被相続人の意思を尊重して遺贈寄付は許容できても，その分の所得税まで自分が負担することは許容でき

ない」と思われることもあります。本来であれば利益を受ける人が税金を払うべきところ，みなし譲渡所得税の課税では利益を得る受遺団体ではなく，不動産等を取得しない相続人が税金を支払うこととなり，納得もいかないのは当然です。受遺団体としても，利益を受けている分からみなし譲渡所得税を支払う意思はあったとしても，法律上は相続人が支払うとなっているものを当然支払うわけにもいかず，払いたくても払えない状況になります。遺言書を作成する際には事前に協議の上，寄付先団体がみなし譲渡所得税を支払えるような書き方をする等の注意が必要です。詳しくは第5章で解説します。

第4章

遺贈の理解のために押さえたい
相続のポイント

　遺言による寄付において，寄付されるタイミングは寄付者が亡くなったときとなります。そこで相続において遺贈寄付がどのように実行されるか，その流れを理解するためにも，本章では通常の相続で理解しておくべきポイントと合わせて見ていきます。

通常の相続手続きの流れ

　通常の相続では被相続人が亡くなるのと同時に，被相続人が持っていた財産が相続人に承継されます。

　遺言書があれば遺言書に従って，遺言書がない場合は相続人全員の協議によって財産の移転先が決まります。したがって，遺言書があるかないかによって，その後の手続きが大きく変わります。

STEP 1　遺言書の有無を確認する

　まず遺言書があるかどうかを確認します。遺言書がある場合には，遺言書の内容に従って手続きをします。

STEP 2　相続人の調査・確認

　次に相続人の調査をします。相続人の調査では，出生から死亡までの戸籍を集めます。これは戸籍を確認して相続人を調査し，遺産分割協議に参加をする人（法定相続人）を確定させるために行います。結婚や転籍で戸籍に変更がある方は，何通も取得する必要があり，特定まで時間がかかる場合もあります。遺言書がある場合には，遺言執行者が遺言の内容を通知する相続人を確定させるために戸籍を集めます。

STEP 3　相続財産の調査

　亡くなった日時点の財産について調査をします。亡くなった日の金融機関の預金残高を確認し，不動産については不動産がある市区町村にて名寄帳を取得して調べます。財産がすべて把握できたら，財産一覧を作成します。

STEP 4　遺産分割協議

　遺言書がない場合や，遺言書だけでは相続の内容を確定できない場合には，

相続人全員で遺産分割協議を行います。相続人全員で行う必要があるため，1人でも合意できない人がいると決まりません。海外在住の方がいる場合，未成年や認知症等で意思表示が困難な方がいる場合には通常の手続きと異なる手続きとなるため長くかかる可能性があります。

STEP5　相続放棄・限定承認の選択

　相続が発生したからといって，必ず財産を承継しなければいけないわけではありません。借金があるかどうか不明の場合や，資産よりも負債の方が多い場合は相続人になりたくないケースもあるため，相続人は相続するかどうかを一定の期間（熟慮期間）をおいて選択できます。

　財産の一切を相続しないで，負債もプラス財産の範囲内で相続する権利も放棄する手続きを「相続放棄」といい，プラスの財産の範囲内で負債も相続する手続きを「限定承認」といいます。

　「負債の方が多そうだから」「相続のもめごとに巻き込まれたくない」「一切かかわりたくないから」などの理由で相続人になりたくない場合には，家庭裁判所に相続放棄の手続きをすることができます。相続放棄は手続き期限があり，「相続があったことを知った日」から3か月以内にしなければいけません。3か月以内に何もしなければ，財産も負債もすべて受け継ぐことを選択したことになります。このように権利も義務も相続することを「単純承認」といいます。

　なお，相続放棄ではなく，単に財産を相続しないという場合には遺産分割協議で相続分を受け取らない協議をすれば，家庭裁判所への相続放棄の申立ては必要ありません。

　包括遺贈で寄付を受けた受遺団体の場合も，相続人と同じ立場になるため，相続の放棄を検討するときには期限内に家庭裁判所への手続きをしなければなりません。

　相続放棄の申立て期限は，事前の申立てによって延長することができます。故人の生前の生活状況がわからず判断に時間を要する場合や，3か月の期間

内に財産の調査が終わらず放棄の判断できない場合は，家庭裁判所へ3か月の期間を延長する申立てをしましょう。

　なお，特定遺贈で寄付を受けた財産の放棄は，遺言執行者がいる場合は遺言執行者へ，いない場合には相続人へ対する意思表示ですることができます。

STEP 6　相続税の申告

　相続税が発生する場合は，10か月以内に相続税申告をする必要があります。相続税はすべての相続に課税されるものではなく，相続財産が基礎控除（3,000万円＋相続人の数×600万円）以下の金額であれば，申告の必要はありません。

　申告期限が10か月というと余裕がありそうに見えますが，財産調査や相続人調査，相続人間の調整をしていると，あっという間に過ぎ去ります。

　なお，10か月を過ぎると延滞税等のペナルティがかかります。遺贈寄付の場合は，スケジュールに余裕をもって準備をしないと間に合わなくなることもあるため，注意が必要です。

　相続税については，遺贈寄付の方法によって取扱いが異なりますので詳しくは第5章以降をご覧ください。

STEP 7　遺産分割協議書の作成

　被相続人の戸籍を調査して相続人を確定させ，相続財産の調査も終了した後は，相続人全員で遺産分割協議を行います。遺言書ですべての財産の行き先について明確になっている場合には，遺産分割協議は不要です。しかし，割合的包括遺贈で「財産の○分の○をＡに，○分の○をＢに」と全財産の割合で指定されている場合や財産が漏れていた場合は，遺言があっても遺産分割協議が必要なこともあります。

　遺産分割協議は相続人全員が合意する必要があり，1人でも参加できない場合には成立しません。全員の合意が成立したらすみやかに遺産分割協議書を作成して，法定相続人全員が実印を押印します。

　下記の場合は相続人である本人が協議に参加できないため，家庭裁判所に申立てをして遺産分割に参加する人を選任してもらいます。

① 相続人の中に未成年者がいて，法定相続人も相続人の場合

　未成年者の法定代理人も相続人の場合には，代わりに遺産分割協議に参加する特別代理人を家庭裁判所に申請して選任してもらい，特別代理人が遺産分割協議に参加します。未成年者の法定代理人が相続人ではない場合は法定代理人が遺産分割協議に参加します。

② 相続人の中に認知症の人がいる場合

　遺産分割協議に合意の意思表示をするために，家庭裁判所に申立てをして成年後見人を選任し，後見人が協議に参加します。後見人も相続人の場合には，家庭裁判所に特別代理人の選任の申立てをします。

　なお，遺産分割協議は必ずしも1か所に集まって話をしなければいけないわけではありません。メール，手紙，電話などで協議を進めてもかまいません。ただし，その場合でも遺産分割協議書は相続人全員が署名し，実印を押印する（印鑑証明書を添付する）必要があります。相続人が海外にいたり，行方不明でも，その人を抜かしては協議が成立しませんので注意しましょう。

　遺産分割協議で意見がまとまらない場合や一部の相続人が遺産分割協議に参加しようとしない場合は，家庭裁判所で遺産分割調停の申立てが可能です。家庭裁判所の調停委員が間に入って遺産分割の話し合いを進めます。調停でも意見がまとまらない場合は遺産分割審判を行うことになります。

STEP 8　各種名義変更

　遺言書がある場合は遺言書の内容に沿って，ない場合には遺産分割協議の内容のとおりに，預金や不動産の名義変更をします。遺言書があり，遺言執行者がいる場合には，遺言執行者がすべての手続きを1人ですることができ

ます。

■ 相続の流れ

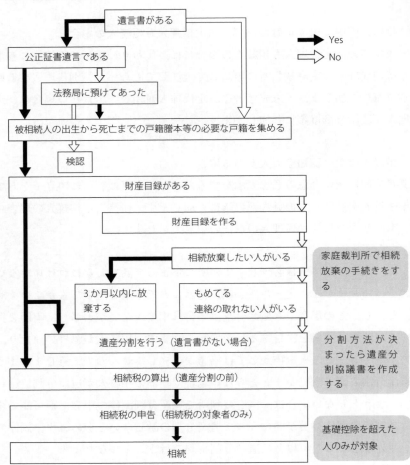

遺言書がある

公正証書遺言である

法務局に預けてあった

被相続人の出生から死亡までの戸籍謄本等の必要な戸籍を集める

検認

財産目録がある

財産目録を作る

相続放棄したい人がいる

3か月以内に放棄する

もめてる
連絡の取れない人がいる

遺産分割を行う（遺言書がない場合）

相続税の算出（遺産分割の前）

相続税の申告（相続税の対象者のみ）

相続

Yes
No

家庭裁判所で相続放棄の手続きをする

分割方法が決まったら遺産分割協議書を作成する

基礎控除を超えた人のみが対象

2 法定相続人について

　法定相続人とは，民法で定められた相続人のことをいいます。

　被相続人の配偶者は常に相続人となり，それ以外の親族は優先順位の高い人が相続人となります。

第1順位の相続人	子及び代襲相続人（子が被相続人より先に亡くなっている場合等の，孫・ひ孫等）
第2順位の相続人 （第1順位がいない場合）	被相続人の父母・祖父母等の直系尊属
第3順位の相続人 （第1，第2順位がいない場合）	兄弟姉妹と兄弟姉妹の代襲相続人（兄弟姉妹が被相続人より先に亡くなっている場合等は，その者の子）

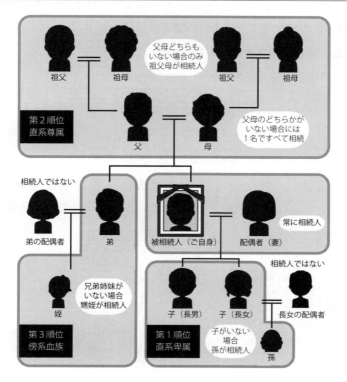

3 相続人がいない場合（相続人不存在）

　法定相続人（配偶者，子供，親，兄弟，甥姪等）が1人もいない場合は相続人不存在ということになります。

　その場合，包括遺贈の遺言書があれば，その遺言に従って包括受遺者が相続人と同様の権利を持ちます。法定相続人がいなくて遺言書もない場合は，相続財産は国庫に帰属することになります。

　相続人がいなくても，遺言書さえあれば遺言書で指定された人が財産を受け取ることができますが，何も用意をしなかった場合には，相続財産管理人が選任され，清算された財産が特別縁故者や国庫に移転します。遺言書があれば手続きはシンプルですが，遺言書がない場合には下図の手続きとなります。時間と費用をかけて，最終的に国庫に帰属します。

■ 相続人が不存在のときの流れ

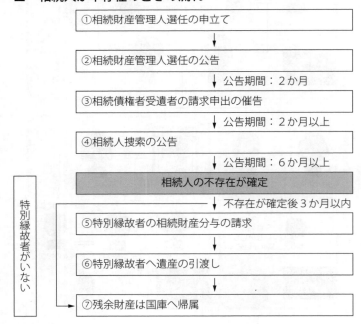

①相続財産管理人選任の申立て

②相続財産管理人選任の公告

　　　　公告期間：2か月

③相続債権者受遺者の請求申出の催告

　　　　公告期間：2か月以上

④相続人捜索の公告

　　　　公告期間：6か月以上

相続人の不存在が確定

　　　　不存在が確定後3か月以内

⑤特別縁故者の相続財産分与の請求

⑥特別縁故者へ遺産の引渡し

⑦残余財産は国庫へ帰属

特別縁故者がいない

相続人が遺言があるかどうかを確認する方法

相続が発生した場合，相続人は最初に遺言書を探すことになります。被相続人が生前に相続人に対して遺言書の保管場所を伝えてあった場合は良いのですが，中には遺言書の存在を最後まで言わない人もいます。

家の中の大事な書類が入っている引き出しや，貸金庫に保管してある場合もあります。貸金庫を借りているかは，本人の通帳の履歴を見て貸金庫利用料の引き落としがあるかどうかで調べることができます。

■　遺言書の保管場所の確認方法

自宅の重要書類の保管場所や貸金庫等にない場合は下記に問い合わせをする
①　近所の公証役場
②　信託銀行等の金融機関や弁護士，司法書士，税理士等の付き合いのあった専門家
③　近所の法務局

（1）公証役場に問い合わせをする

2020 年に全国の公証役場で作成された遺言書の件数は 9 万 7,700 件（日本公証人連合会ウェブサイトより）でした。2020 年の自筆証書遺言の検認件数は 1 万 8,277 件です。死亡時と作成時ということで比較する時期は違いますが，公正証書遺言の方が 5 倍ほど多いことがわかります。まずは，公証役場に問い合わせをしてみましょう。

どこの公証役場で作成したかわからない場合でも，全国の公証役場で遺言書の有無と保存されている公証人役場を教えてもらうことができます。

以下の証明書を用意して，近くの公証役場に問い合わせてみましょう。

■ 必要な書類

> ・戸籍謄本（親などが亡くなったこと，亡くなった人の相続人であることの
>   証明する書面として）
> ・本人確認書類（運転免許証などの顔写真入りの公的機関が発行したもの）

(2) 信託銀行や専門家が預かっている場合

　信託銀行や弁護士，司法書士等が遺言執行者になっている場合には，遺言
執行者が遺言書を預かっていることがあります。亡くなったことがニュース
になるような有名人や近所の人でない限り，遺言執行者が自然に死亡の事実
を知ることはできません。

　死亡の場合の通知人があらかじめ決められていることも多く，生前に「亡
くなったら○○に連絡するように」と言われていた場合には，すみやかに連
絡をしましょう。

(3) 法務局に保管されている場合

　自筆証書遺言の法務局保管制度を利用していた場合は，遺言者死亡後であ
れば相続人や遺言書へ記載されている受遺者，遺言執行者が遺言書保管所
（遺言書保管を指定された法務局）へ問い合わせをすることができます。全
国どこの遺言書保管所に問い合わせても大丈夫です。

　また，遺言書保管所（預けている法務局）から通知があることでも遺言書
の存在を知ることができます。法務局保管制度の通知には「関係遺言書保管
通知」と「死亡時通知」の2種類があります。

① 関係遺言書保管通知（1人が遺言書の閲覧等をしたときに全員への通知）

　遺言者の死亡後に，相続人等が遺言書の閲覧等をしたときに，その他すべ
ての相続人等（相続人や遺言書に記載された受遺者等及び遺言執行者等）に
対して遺言書が法務局保管されていることを通知するものです。遺言者の希

望の有無にかかわらず通知されます。すべての相続人への通知は，関係者のうちの誰かが閲覧しない限りされません。

　遺言者も，相続人も特に手続きは必要ありません。

② 　死亡時通知（死亡届と連動して指定した１名に希望した場合のみ通知）

　死亡届が出されたことと連動して遺言書保管の法務局が遺言者の死亡の事実を知った場合にあらかじめ指定された人に通知される制度です。通知されるのは遺言者があらかじめ指定した１名で，遺言書の保管の申請時に死亡時通知の対象者を指定しておきます。対象者は遺言者の推定相続人，遺言書に記載した受遺者等，遺言執行者等の中から選択できます。死亡時通知は遺言者が保管申請時に希望した場合のみ通知されます。

コラム

　遺言書の存在を誰にも伝えないまま亡くなった場合でも，上記の死亡時通知制度を利用しておけば遺言書の存在を伝えることができます。通知を受け取った人が何も動かないと意味がないので，遺言執行者や受遺者等の遺言の存在を知って確実に次の手続きをしてくれそうな人を指定しておくとよいでしょう。死亡通知を受け取った人が遺言書の閲覧をすることによって，結果としてすべての関係者に遺言書の保管が通知されることになるためです。

■　通知の流れ

死亡時通知（相続人，遺言者，遺言執行者等のうち，遺言の存在を知らせたい人を指定した場合）

↓

関係者の誰かが閲覧

↓

相続人，受遺者，遺言執行者全員に通知される

5 　自筆証書遺言の法務局保管制度について

　2020年7月より法務局による遺言書保管制度がはじまり，主に自宅等本人や遺言執行者によって保管されてきた自筆証書遺言を指定の法務局（遺言書保管所）に預けられるようになりました。この制度の利用によって，以前は必要とされてきた家庭裁判所への検認手続きが不要になり，遺言書の紛失や偽造，改ざん，隠匿といったトラブルを避けることができます。新しくはじまった死亡時の関係者への通知のしくみも利用することで，自筆証書遺言の利便性が大幅に上がったといえるでしょう。

　遺言保管の具体的な手続きの方法は以下のステップとなります。詳しくは法務省のウェブサイトにも記載されています。

| STEP 1 　遺言書を自筆で作成する |

　全文自署をします。ただし，財産目録についてはパソコンでの作成や通帳，登記簿謄本のコピーでも可能です。
　様式が決まっているので，様式に沿って作成します。

> ・サイズ：A4サイズ
> ・模様や彩色がない用紙
> ・最低限，上部5mm，下部10mm，左20mm，右5mmの余白
> （注）なお，法務局保管をしない自筆証書遺言には上記のような規定はありません。

　記載内容の相談は法務局でできないので，内容については弁護士，司法書士等の専門家に相談の上，作成するのがよいでしょう。

| STEP 2 　遺言書を保管をする遺言書保管所を決め予約をする |

　遺言者の住所地又は本籍地又は所有する不動産の所在地を管轄する遺言書

保管所の中から選ぶことができます。遺言書保管所において行うすべての手続きについて，予約が必要です。予約はウェブサイトから24時間行えます。予約を取りたい法務局への電話でも可能です。なお，予約は１人１件なので，夫婦で予約する場合は２件分の予約が必要となります。

STEP 3　保管申請書の作成

　遺言書保管制度の利用には，申請書を作成する必要があります。

　保管申請書の様式は法務省のウェブサイトからダウンロードできます。申請書はパソコンで記入することも，手書きで作成することもできます。自宅で印刷できない場合は，最寄りの法務局窓口で入手することができます。申請書はあらかじめ記載しておく必要があり，予約時間内に手続きが終わらない場合には再度予約を取り直す必要があるため注意が必要です。

STEP 4　予約日がきたら必要書類を持参して，保管の申請をする

　予約した日時に，本人が行く必要があります。申請書や遺言書等の必要書類を忘れた場合は手続きができません。申請書に貼る 3,900 円分の収入印紙は法務局で購入できるので，下記の必要書類とともに現金を持参します。

> ・自筆で書いた遺言書
> ・あらかじめ作成された保管申請書
> ・住民票の写し等（本籍及び筆頭者の記載入り，マイナンバーや住民票コードの記載のないもの）（注）３か月以内のもの
> ・顔写真付きの身分証明書（運転免許証，マイナンバーカード等の本人確認書類）

STEP 5　保管証を受け取る

　手続きが終了すると保管証が受け取れます。保管証に記載されている保管番号は，保管した遺言書を特定するための重要な番号です。保管証は再発行

ができないので紛失に注意しましょう。保管番号がわかると，遺言書の閲覧，申請の撤回，変更の各種届出に便利なので，相続人等に伝えておくとよいでしょう。遺言書保管の手続きは原則即日処理されます。

■　自筆証書遺言の法務局保管制度を利用した場合の違い

	法務局保管しない場合	法務局保管制度の利用
家庭裁判所での検認手続き	必要	不要
形式確認	なし	あり
死亡時の通知制度	亡くなっても見つけられない可能性がある	希望をすれば死亡時に指定通知人に通知される
紛失のおそれ	あり	なし
遺言書の破棄，改ざん	可能性あり	可能性なし
遺言の内容について相談	できない	できない
相続人等関係者の閲覧	検認時に可能	死亡後であれば，関係者全員可能
遺言作成時の手続き	外出や予約，申請書作成等の手続きは不要	法務局に予約して，本人が出向く必要がある 申請書を作成する必要がある 代理人による申請や郵送不可
手数料	作成時にはかからないが，検認の際に必要	法務局への手数料 3,900 円

　自筆証書遺言は以前に比べて大変便利になったといえます。ただし，本人が指定の法務局に必ず本人が出向く必要があったり，申請書の作成等が必要になります。自筆証書遺言を自分で書くだけでも大変な上，さらに用意する書類が増え，公正証書遺言に比べると手間がかかります。

　その点，公正証書遺言であれば，寝たきりであっても公証人に出張の依頼もできます。専門家と決めた内容を公証人に伝えれば，遺言者は署名のみで全文を自署する必要もありません。多少費用はかかりますが，労力をかけずに確実で安心な遺言書を作成したい場合は法律の専門家や信託銀行等に相談しながら公正証書遺言の作成をするのがお薦めです。

第5章

実例からみる
遺贈寄付の税務

本章では11の事例を紹介しながら，事例に沿って遺贈寄付をした場合
の税務上の取扱いについて解説しています。

遺贈寄付の税務について理解するために，押さえておきたい点が3つあります。本節では，その3つのポイントを見ていきたいと思います。

　遺贈寄付に関わる税金には相続税と所得税がある

遺贈寄付に関わる税金といえば，誰もが相続税を思い浮かべます。しかし，遺贈寄付には，相続税だけではなく，所得税も関係してきます。まずは，相続税と所得税について見ていくことにします。

1　相続税

相続税は個人が被相続人（亡くなった方）から相続又は遺贈によって財産

■ 相続税のしくみ

相続税の対象となる財産

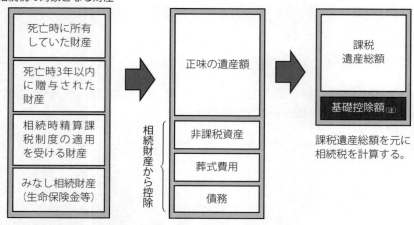

（注）基礎控除額：3,000万円＋600万円×法定相続人の数

を取得した場合に，その取得した財産に課される税金です。

　相続や遺贈によって取得した財産の価額の合計額が基礎控除額を超える場合にその超える部分（課税遺産総額）に対して，課税されます。

　基礎控除額は，「3,000万円＋600万円×法定相続人の数」です。

　ただし，債務や葬式費用などの金額は控除し，相続開始前3年以内の贈与財産の価額は加算します。また，相続時精算課税の適用を受けて贈与により取得した財産，生命保険金や死亡退職金などのみなし相続財産がある場合には，その財産も加算します。

　遺産総額と相続時精算課税の適用を受ける贈与財産の合計から，非課税財

■　相続税の総額の計算

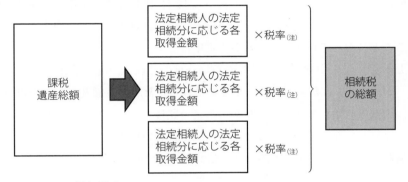

（注）税率

法定相続分に応ずる取得金額	税率	控除額
1,000万円以下	10%	
1,000万円〜3,000万円	15%	50万円
3,000万円〜5,000万円	20%	200万円
5,000万円〜1億円	30%	700万円
1億円〜2億円	40%	1,700万円
2億円〜3億円	45%	2,700万円
3億円〜6億円	50%	4,200万円
6億円超	55%	7,200万円

産，葬式費用及び債務を控除した正味の遺産額が基礎控除額を超える場合に，相続税がかかります。

その場合には，相続税の申告及び納税が必要となり，その期限は，被相続人の死亡したことを知った日の翌日から 10 か月以内です。

2 所得税

相続税は，被相続人が所有していた財産に係る税金ですが，亡くなったときに係る税金は，相続税だけではなく，亡くなった方の，その亡くなった年の所得に対して所得税が課されます。

所得税は，通常その年の 1 月 1 日から 12 月 31 日までの 1 年間に生じた所得について計算し，翌年の 2 月 16 日から 3 月 15 日までの間に申告と納税をすることになっています。これが確定申告です。

しかし，年の中途で死亡した方の場合は，相続人（包括受遺者を含みます）が，1 月 1 日から死亡した日までに確定した所得金額及び税額を計算して，相続の開始があったことを知った日の翌日から 4 か月以内に申告と納税をしなければなりません。これを準確定申告といいます。

遺贈寄付では，寄付先が国や地方公共団体，特定公益増進法人，認定 NPO 法人等である場合には，寄付金控除（所得控除）又は，寄付金特別控除（税額控除）を受けることができます。

寄付金控除（所得控除）では，その年中に支出した特定寄付金の額の合計額から 2,000 円を引いた金額を，配偶者控除，医療費控除等と同様に所得金額から控除します。

寄付金特別控除（税額控除）は，その年中に支出した特定寄付金の額の合計額から 2,000 円を引いた金額の 40 ％を，所得税額から控除します。ただし，控除できる金額は，その年分の所得税額の 25 ％が限度です。

また，寄付金控除，寄付金特別控除の対象になる特定寄付金の額の合計額は，総所得金額の 40 ％が限度です。

■ 寄付金控除（所得控除）の計算方法のイメージ

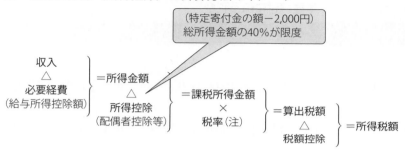

（特定寄付金の額−2,000円）
総所得金額の40%が限度

収入
△
必要経費
（給与所得控除額）
＝所得金額
△
所得控除
（配偶者控除等）
＝課税所得金額
×
税率（注）
＝算出税額
△
税額控除
＝所得税額

(注) 税率

課税所得金額	税率	控除額
195 万円以下	5 %	
195 万円〜330 万円	10 %	97,500 円
330 万円〜695 万円	20 %	427,500 円
695 万円〜900 万円	23 %	636,000 円
900 万円〜1,800 万円	33 %	1,536,000 円
1,800 万円〜4,000 万円	40 %	2,796,000 円
4,000 万円超	45 %	4,796,000 円

■ 寄付金特別控除（税額控除）の計算方法のイメージ

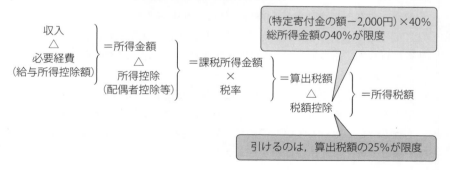

（特定寄付金の額−2,000円）×40%
総所得金額の40%が限度

収入
△
必要経費
（給与所得控除額）
＝所得金額
△
所得控除
（配偶者控除等）
＝課税所得金額
×
税率
＝算出税額
△
税額控除
＝所得税額

引けるのは，算出税額の25%が限度

■ ポイント1：遺贈寄付に係る税金

相続税

10か月以内

- ・被相続人が所有している財産に係る税金
- ・被相続人が死亡したことを知った日の翌日から10か月以内に申告をする。
- ・相続又は遺贈により取得した財産が基礎控除額以下である場合には，申告の必要なし。

所得税（準確定申告）

4か月以内

- ・被相続人の死亡した年の所得に係る税金
- ・相続の開始があったことを知った日の翌日から4か月以内に申告をする。
- ・寄付先が国や地方公共団体，一定の公益法人等である場合には，寄付金控除が受けられる。

コラム

住民税の取扱いについて

　個人が支払う税金には，所得税以外に，都道府県民税及び市区町村民税（以下「住民税」とします）があります。住民税は，後払いの税金で，前年の所得に対して，その年の1月1日現在居住する居住地に，その年の6月以降に課税されます。

　後払いの税金なので，年の途中で亡くなった場合でも，相続人が納税義務を引き継ぎ，前年の所得に対して課された住民税を支払う必要があります。

　しかし，亡くなった年の所得に対しては，翌年の1月1日には，生存されていませんので，住民税はかかりません。

2 遺言による寄付と相続財産の寄付の違い

　遺贈寄付には，大きく分けると「遺言による寄付」と「相続財産の寄付」があります。この2つの違いは，あまり意識されないケースも多いのですが，課税関係はまったく違います。なぜなら，寄付者が違うからです。この2つがどう違うのか，見ていきます。

1　遺言による寄付

　遺言による寄付とは，公正証書遺言や自筆証書遺言などによって，ご自身の財産の全部又は一部を，NPO 法人，公益法人，学校法人などの民間非営利団体や国，地方公共団体などに寄付することをいいます。

　遺言による寄付の場合には，被相続人の意思による寄付ですので，寄付者は，被相続人です。そして，遺言に基づく財産の提供の場合には，その財産は遺言の効力が生じた時から法人に帰属したものとみなします。したがって，遺言により財産を取得したのは，寄付を受ける法人です。

　相続税は個人が相続又は遺贈によって財産を取得した場合に課される税金ですので，法人には原則として相続税は課税されません。したがって，遺言による寄付の場合には，寄付を受けた法人に相続税が課税されません。これは，学校法人や社団法人，公益社団法人・公益財団法人や認定 NPO 法人などに限らず，一般社団法人・一般財団法人や，認定を受けていない NPO 法人であっても同様です。ただし，相続税の負担を不当に減少する結果となると認められる場合には，法人を個人とみなして法人にも相続税が課税されることがあります。

　寄付先が，国，地方公共団体や特定公益増進法人，認定 NPO 法人等の場合には，寄付金控除が適用されますが，その場合には，寄付者は被相続人ですので，被相続人の亡くなった年の準確定申告で寄付金控除をします。

2　相続財産の寄付

　一方で，相続財産の寄付とは，相続又は遺贈により財産を取得した相続人がその取得した財産の中から寄付をする場合です。したがって，寄付者は相続人（遺族）です。

　エンディングノートなどに寄付をしてほしい旨の記載があったり，被相続人の生前の遺志を汲んで寄付が行われるケースもありますが，遺言のような法律的な強制力はないので，そのような寄付も相続人からの寄付として取り扱われます。

　相続財産の寄付の場合には，その提供財産は，いったん被相続人から相続人に相続され，その後相続人から法人に寄付されると考えます。したがって，その財産について，原則として相続人に相続税が課税されます。ただし，相続又は遺贈により取得した財産を相続税の申告期限までに，国，地方公共団体，一定の公益法人等や認定NPO法人に寄付をしている場合には，その寄付をした財産は相続税が非課税になります（措法70）。

　また，国，地方公共団体や特定公益増進法人，認定NPO法人等の場合には，寄付金控除が適用されますが，その場合には，寄付者は相続人ですので，相続人の寄付をした年の確定申告で寄付金控除をします。

■　ポイント 2：遺言による寄付と相続財産の寄付の違い

遺言による寄付　　　　　　原則として相続税はかからない

遺言に基づく財産の提供の場合には，その財産は遺言の効力が生じた時から法人に帰属したものとみなす。

その財産について相続人の相続税に課税問題が発生することはない。

相続財産の寄付　　　　　　原則として相続税がかかる

その提供財産は，いったん被相続人から相続人に相続され，
その後相続人から法人に寄付されると考える。

その財産について，原則として相続人に相続税の課税が発生する。
一定の要件を満たしている場合には，相続税は非課税になる（措法 70）。

**ワンポイント
アドバイス**

　国税庁から出されている「令和元年分における相続税の申告事績の概要」によると，令和元年分における被相続人数（死亡者数）は，1,381,093 人で，そのうち，相続税の申告書の提出に係る被相続人数は 115,267 人で，相続税の申告をしている割合は 8.3 ％でした。

　地域による格差は大きく，首都圏は平均は 13 ％程度，東京都心部では，3 割以上の方が相続税の申告をしている特別区もあるようです。

　また，その課税価格の総額（相続税の申告をした方の分に限ります）は，15 兆 7,843 億円，申告税額の総額は 1 兆 9,754 億円でした。

3 現金寄付と現物寄付の違い

　遺贈寄付には，現預金を遺贈寄付する場合と，不動産や株式などの現物資産を遺贈寄付する場合があります。例えば，「現預金△△円を，××に寄付をする」というのは，現預金の寄付ですが，「○○にある土地及び建物を××に寄付をする」というのは現物寄付です。

　現預金による寄付と現物寄付では，相続税の課税関係は違いがありません。しかし，所得税については大きな違いがあります。

　不動産や株式などの現物資産を寄付した場合で，その寄付をした資産に含み益がある場合には，みなし譲渡所得税が課税される可能性があります。

　みなし譲渡所得税とは，無償又は著しく低い価額で資産を譲渡した場合に，時価で譲渡したとみなして所得税を課税するものです（所法59①）。

　もし，寄付をした資産に含み益があると，その寄付をした資産の含み益部分について，相続人や受遺者に所得税が課税されることがあります。

　ただし，これらの財産を公益法人等に寄付をした場合に，その寄付が一定の要件を満たすものとして国税庁長官の承認を受けたときは，所得税を非課税とする特例があります（措法40）。

　含み益のある現物資産を遺贈寄付しようとする場合には，みなし譲渡所得税にどう対処するのか，ということを考えておく必要があります。

■　ポイント3：現金寄付と現物寄付の違い

現金寄付
所得税の課税問題が発生することはない。

現物寄付
その現物寄付財産が，不動産，株式等で含み益がある場合には，みなし譲渡課税の適用を受け，所得税の課税が発生することがある。

まとめると，以下のとおりになります。

■　遺贈寄付の税務の全体像

		相続税	所得税
現金寄付	遺言による寄付	原則として相続税の対象にならない	被相続人の準確定申告で寄付金控除が受けられる(注2)
	相続財産の寄付	原則として相続税の対象になる(注1)	相続人の確定申告で寄付金控除が受けられる(注2)
現物寄付	遺言による寄付	現金寄付と同じ	含み益がある場合に，被相続人にみなし譲渡所得税(注3) 被相続人の準確定申告で寄付金控除を受けられる(注2)
	相続財産の寄付		含み益がある場合に相続人にみなし譲渡所得税(注3) 相続人の確定申告で寄付金控除を受けられる(注2)

（注1）　租税特別措置法70条の非課税規定あり
（注2）　寄付先が一定の公益法人等である場合
（注3）　租税特別措置法40条の非課税規定あり

　次節から，「遺言により現預金の寄付をした場合」（事例1～事例3），「相続人が現預金の寄付をした場合」（事例4～事例6），「不動産や株式などの現物で遺贈寄付をした場合」（事例7～事例10），「財団法人を設立し，寄付をした場合」（事例11）の順序で，解説していきます。

■ 事例ごとの課税関係のまとめ

事例	種類	相続人	寄付先	寄付財産
1	遺言	子	海外の大学，独立行政法人	現預金 1,000 万円
2	遺言	兄弟姉妹，甥姪	地元の社会福祉法人，NPO 法人，任意団体	
3	信託	子	金融機関が指定した寄付先	
4	相続財産	（母から）	シリア難民を支援している認定 NPO 法人	相続財産から現預金 100 万円
5	相続財産	（母から）	故郷の地方自治体	相続財産から現預金 100 万円
6	相続財産	（母から）	公益法人の地元の交響楽団	相続財産から現預金 10 万円
7	遺言	甥姪	地元の一般社団法人	自宅として利用している時価 3,000 万円の不動産
8	遺言	甥姪	病院を経営している社会福祉法人	時価 5,000 万円の賃貸用不動産
9	遺言	妻	環境保全活動に取り組む認定 NPO 法人	父から引き継いだ上場株式 ※自分が妻よりも後に死んだ場合は全財産
10	相続財産	（父から）	父の母校である大学	父から相続した別荘
11	生前，遺言	娘など	自身が設立した財団法人	自身が創業した会社の株式を売った資金

想い	課税上の取扱いのポイント
留学が人生の転機と，次世代への想い	公益法人等ではない海外の大学への寄付も，相続税は課税されない
居住する地域への想い	任意団体は原則として相続税課税。相続税が発生しなければ気にする必要はない
自分が思ったように使いたい	遺言と同様に，公益法人等でない法人への寄付も相続税は課税されない
母のシリア難民に対する想い	相続税が非課税になるうえ，寄付金控除も受けられる
故郷への想い	相続税が非課税になるうえ，ふるさと納税も対象
母がクラシック音楽が好きだった	相続税は発生しないが，寄付金控除のメリットがある
まちの名建築物を地域で利活用	みなし譲渡所得税が発生。居住用財産の特別控除あり
がんと闘病していた夫への想い 病院への感謝	みなし譲渡所得税が発生。寄付金控除を受けられる
父の地球環境への想い	非課税特例（一般特例）の承認を受けることで，みなし譲渡所得税が非課税
父が母校を卒業したことを誇りにしていた	非課税特例（承認特例）の承認を受けることで，みなし譲渡所得税が非課税
シングルマザーとして育てくれた母への感謝	不当減少に該当しないように財団法人を設立・運営

相続税の非課税及び寄付金控除の対象になる法人

　相続人が，相続又は遺贈で取得した財産を相続税の申告期限までに国，地方公共団体，一定の法人に寄付をしている場合には，相続税が非課税になります。

　相続税が非課税になる法人は，以下の法人です。

・独立行政法人

・国立大学法人等

・地方独立行政法人（試験研究，病院事業，社会福祉事業等一定の事業を営むものに限る）

・公立大学法人

・自動車安全運転センター，日本司法支援センター，日本私立学校振興・共済事業団及び日本赤十字社

・公益社団法人，公益財団法人

・一定の学校法人

・社会福祉法人

・更生保護法人

・認定 NPO 法人

　上記と，寄附金控除の対象になる特定公益増進法人，認定 NPO 法人はほぼ一緒ですので，以下では，相続税の非課税や寄付金控除の対象になる上記の法人を，「一定の公益法人等」と呼ぶことにします。

第2節　遺言により現預金の寄付をした場合

事例
1

遺言で公益法人等や海外の大学に寄付をする場合

茂さん
70代男性

<種　類>　公正証書遺言
<相続人>　子供のみ
<想　い>　留学が人生の転機と次世代への想い
<寄付先>　海外の大学，日本の高校生や大学生の留学を支援
　　　　　している独立行政法人
<寄付金額>　海外の大学へ500万円，独立行政法人へ500万円

　私は，日本の高校を卒業後，奨学金を得て海外の大学に入学し，大変な苦労をしたものの，無事卒業することができました。その後，日本の企業に就職し，会社や日本経済が発展するなか，海外とのプロジェクトなどにも関わり，有意義な会社人生を歩めたと自負しています。子供も立派に成長し，それなりの財産も残すことができました。

　妻を昨年亡くしており相続人は子供だけです。子供にも財産を遺したいと思いますが，子供はすでに自立しており，親の財産をそれほど必要としているわけではありません。自分が築いた財産であるので，その一部を社会に還元することができないかと考えています。

　自分の人生を振り返ったところ，留学が大きな転機になったと感じました。留学で多様な文化に触れ，海外の人とコミュニケーションをとる力が付いたことにより，自分に自信がつき，人脈も得られました。それが今の自分の形成に大きな影響を与えていると感じます。

　そこで，自分が死んだ場合には，留学した海外の大学に，自分の財産のうち500万円を寄付したいと考えています。

　また，若者の内向き志向が非常に気になっています。今後の日本のことを

考えると，自分のように若い時に留学し，大きく海外に飛び立つ人がもっと出てきてほしいと思います。

そこで，日本の高校生や大学生の留学を支援している独立行政法人にも500万円の寄付をしたいと考えています

いずれも，公正証書遺言を残す予定です。

1　本事例の遺言書の例

遺言書

第1条

　私は，私が有する金融機関から金500万円を私の母校である米国の□□州○○大学に，金500万円を独立行政法人△△に遺贈する。

第2条

　私は，私が所有する以下の財産を，私の長男の剛と長女の智子に相続させる。

～～～～～～～略～～～～～～～

<付言事項>

　以上のような遺言の内容にした理由を少し説明します。

　私は，高校を卒業した後，奨学金をもらって米国の大学に4年間留学することができた。この4年間の留学は，私の人生を大きく変え，何ものにも代えられない財産を与えてくれた。その後の人生におけるターニングポイントとなった米国の大学への恩返しの想いも込め，寄付をしたいと思う。

　また，海外留学は，人生の視野や価値観を大きく広げ，人生をより豊かにしてくれるものである。内向き志向といわれている今の若い人に海外に目を向け，大きく世界に羽ばたいて欲しい。私自身，奨学金をもらい，海外留学をすることができた。高校生や大学生の留学を支援している団体に寄付をしたいと思う。

剛と智子には私の思いを理解して欲しいと思う。

 付言事項を書くかどうかは任意ですが，なぜ遺贈寄付をしたのか，その理由を相続人に伝えることで，相続人にも遺贈寄付を理解してもらえます。

2　税制上の取扱い

(1) 相続税の取扱い

今回の事例では，寄付先は，独立行政法人と，海外の大学です。独立行政法人は，一定の公益法人等に該当し，寄付金控除などの対象になります。一方で，海外の大学は，一定の公益法人等には該当しません。

独立行政法人への寄付をした財産には相続税はかかりません。海外への大学の寄付も，遺言による寄付であれば，その寄付をした財産には相続税はかかりません。一般社団法人や一般財団法人，認定を受けていないNPO法人などへの寄付であっても同じです。相続税は，個人に係る税金であり，法人は相続税の納税義務者にならないためです。したがって，一定の公益法人等であるかどうかに関わらず，原則として相続税はかかりません。

ただし，法人であっても，相続税等の負担を不当に減少する結果になると認められる場合には，法人を個人とみなして相続税が課税されます。しかし，留学をした外国の正規の大学への寄付が，相続税の負担が不当に減少する結果とされることは考えられません。

遺言による寄付であれば，相続税のことはあまり気にすることなく，自分が財産を寄付したいと思う法人に寄付することができます（株式会社等への寄付であれば，寄付を受ける法人に法人税が課税されます）。

(2) 所得税の取扱い

遺言による寄付の場合で，寄付先が一定の公益法人等である場合には，被相続人の準確定申告で寄付金控除を受けることができます。

今回の事例であれば，独立行政法人に対する寄付の分だけが，被相続人の準確定申告で，寄付金控除の対象になります。

■ 遺言による寄付をした場合

一定の公益法人等への寄付
（国や地方公共団体への寄付も含む）

→ 相続税の課税対象にならない(注)

→ 被相続人の準確定申告で寄付金控除が受けられる

一定の公益法人等以外の法人への寄付
（一般社団・財団法人，認定を受けていないNPO法人等）

→ 相続税の課税対象にならない(注)

→ 寄付金控除は受けられない

（注）ただし、相続税の負担が不当に減少する結果となると認められる場合には、受遺団体に相続税が課されます。

コラム

　財産の全部又は一部を遺言で寄付をしたことで，その他の財産が基礎控除額以下になった場合には，相続税の申告は不要です。

　もし，その他の財産が基礎控除額を超えた場合でも，課税遺産総額は減少しますので，相続税の税率も下がり，相続税の総額が減少するという効果があります。

> **ワンポイント アドバイス**　**生前に寄付をした場合の取扱い**
>
> 　今回の事例で，海外の大学と独立行政法人へのそれぞれ500万円の寄付を，茂さんの生前に行った場合はどのような課税関係になるのでしょうか？
>
> 　寄付をした財産は，茂さんが亡くなった時に，茂さんの財産ではありませんので，茂さんの相続税の課税対象になりません。また，外国の大学への寄付は，寄付金控除はありませんが，独立行政法人に対する寄付は，茂さんの寄付をした年の確定申告で寄付金控除を受けることができます。
>
> 　遺言による寄付の場合には，亡くなった年の準確定申告で寄付金控除を受けることになりますが，生前の寄付の場合には寄付した年の確定申告で寄付金控除を受けることになるので，その部分に違いがあります。

3　条文の確認

(1) 遺言による寄付は原則として相続税が非課税とされる（相法66④）

　遺言による寄付について，相続税法66条に定められているので，条文を確認することにします。

> 【相続税法】
> （人格のない社団又は財団等に対する課税）
> 第66条　代表者又は管理者の定めのある人格のない社団又は財団に対し財産の贈与又は遺贈があつた場合においては，当該社団又は財団を個人とみなして，これに贈与税又は相続税を課する。この場合においては，贈与により取得した財産について，当該贈与をした者の異なるごとに，当該贈与をした者の各一人のみから財産を取得したものとみなして算出した場合の贈与税額の合計額をもつて当該社団又は財団の納付すべき贈与税額とする。
> 2，3　省略
> 4　前三項の規定は，持分の定めのない法人に対し財産の贈与又は遺贈があ

つた場合において，当該贈与又は遺贈により当該贈与又は遺贈をした者の親族その他これらの者と第六十四条第一項に規定する特別の関係がある者の相続税又は贈与税の負担が不当に減少する結果となると認められるときについて準用する。この場合において，第一項中「代表者又は管理者の定めのある人格のない社団又は財団」とあるのは「持分の定めのない法人」と，「当該社団又は財団」とあるのは「当該法人」と，第二項及び第三項中「社団又は財団」とあるのは「持分の定めのない法人」と読み替えるものとする。

5，6　省略

　相続税法66条1項は，人格のない社団等について取り上げている部分であり，事例2で紹介します。持分の定めのない法人（非営利法人）について定められているのが相続税法66条4項です。

　持分の定めのない法人に対する遺贈は，遺贈をした者の親族その他これらの者と特別の関係がある者の相続税又は贈与税の負担が不当に減少する結果となると認められるときについて，相続税法66条1項の規定を適用し，法人を個人とみなして相続税を課税することとしています。

(2) 相続税法66条4項の規定の趣旨

　この相続税法66条4項の規定の趣旨について，2008年7月24日　国税庁資産課税「第2　持分の定めのない法人に対する贈与税の取扱い」12で，下記のように記載されています。

（法第66条第4項の規定の趣旨）
12　法第66条第4項の規定は，持分の定めのない法人（持分の定めのある法人で持分を有する者がないものを含む。以下同じ。）に対する財産の贈与又は当該法人を設立するための財産の提供（以下「贈与等」という。）により贈与等をした者又はこれらの者の親族その他これらの者と法第64条第1項に規定する特別の関係がある者が当該法人の施設又は余裕金を私的に利用するなど当該法人から特別の利益を受けているような場合には，実質的には，

> 当該贈与等をした者が当該贈与等に係る財産を有し，又は特別の利益を受ける者に当該特別の利益を贈与したのと同じこととなり，したがって<u>当該贈与等をした者について相続が開始した場合には，当該財産は遺産となって相続税が課され</u>，又は特別の利益を受ける者に対し贈与税が課されるのにかかわらず，法人に対し財産の贈与等をすることによりこれらの課税を免れることとなることに顧み，当該法人に対する財産の贈与等があった際に当該法人に贈与税を課することとしているものであることに留意する。

　つまり，相続税法66条4項の規定は，租税回避行為を防止するための規定であることがわかります。今回の事例では，茂さんの独立行政法人及び外国の大学に対する寄付は租税回避行為でないことは明らかですので，相続税が課税されることはないでしょう。

　租税回避行為に該当するのか，判断に迷うケースもあるかと思いますが，そのようなものについては，相続税法施行令33条3項で，租税回避行為とされない要件が定められています。詳細は，事例11の「財団法人を設立する場合」で説明していますので，そちらをご覧ください。

コラム　遺言による寄付をした場合の相続税申告書の記載方法

　遺言による寄付をした場合には，原則として，寄付をした財産は相続税の対象になりません。それでは，相続税の申告書にはどのように記載すればいいのでしょうか？

　相続税の申告書には，納税義務者が取得した財産を記載しますので，相続税の納税義務が発生していない財産は，相続税の第1表をはじめとした申告書への記載は不要です。

　ただし，第14表に，「2．出資持分の定めのない法人に遺贈した財産の明細」を記載するところがあり，この箇所に，遺言で寄付した財産の明細及び出資持分の定めのない法人などの所在地，名称を記載します。

純資産価額に加算される暦年課税分の
贈与財産価額及び特定贈与財産価額
出資持分の定めのない法人などに遺贈した財産 　の明細書　被相続人
特定の公益法人などに寄附した相続財産
特定公益信託のために支出した相続財産

1　純資産価額に加算される暦年課税分の贈与財産価額及び特定贈与財産価額の明細

この表は、相続、遺贈や相続時精算課税に係る贈与によって財産を取得した人（注）が、その相続開始前3年以内に被相続人から暦年課税に係る贈与によって取得した財産がある場合に記入します。

（注）被相続人から租税特別措置法第70条の2の2（直系尊属から教育資金の一括贈与を受けた場合の贈与税の非課税）第12項第2号に規定する管理残額及び同法第70条の2の3（直系尊属から結婚・子育て資金の一括贈与を受けた場合の贈与税の非課税）第12項第2号に規定する管理残額以外の財産を取得しなかった人（その人が被相続人から相続時精算課税に係る贈与によって財産を取得している場合を除きます。）は除きます。

番号	贈与を受けた人の氏名	贈与年月日	相続開始前3年以内に暦年課税に係る贈与を受けた財産の明細					①の価額のうち特定贈与財産の価額	③相続税の課税価格に加算される価額（①－②）
			種類	細目	所在場所等	数量	①価額		
1		・　・					円	円	円
2		・　・							
3		・　・							

ここに遺言により寄付をした財産の明細と寄付を
した法人の所在地，名称等を記載する。

| | | | | | | | | | 円 |

上記「②」欄において、相続開始の年に被相続人から贈与によって取得した居住用不動産や金銭の全部又は一部を特定贈与財産としている場合には、次の欄頭について、「（受贈配偶者）」及び「（受贈財産の番号）」の欄に所定の記入をすることにより確認します。

（受贈配偶者）　　　　　　　　　　　　　　　　　　　　（受贈財産の番号）

私　　　　　　　は、相続開始の年に被相続人から贈与によって取得した上記　　　の特定贈与財産の価額については贈与税の課税価格に算入します。

なお、私は、相続開始の年の前年以前に被相続人からの贈与について相続税法第21条の6第1項の規定の適用を受けていません。

（注）④欄の金額を第1表のその人の「純資産価額に加算される暦年課税分の贈与財産価額⑤」欄及び第15表の㉒欄にそれぞれ転記します。

2　出資持分の定めのない法人などに遺贈した財産の明細

この表は、被相続人が人格のない社団又は財団や学校法人、社会福祉法人、宗教法人などの出資持分の定めのない法人に遺贈した財産のうち、相続税がかからないものの明細を記入します。

遺贈した財産の明細					出資持分の定めのない法人などの所在地、名称
種類	細目	所在場所等	数量	価額	
				円	
		合　計			

3　特定の公益法人などに寄附した相続財産又は特定公益信託のために支出した相続財産の明細

私は、下記に掲げる相続財産を、相続税の申告期限までに、

(1)　国、地方公共団体又は租税特別措置法施行令第40条の3に規定する法人に対して寄附をしましたので、租税特別措置法第70条第1項の規定の適用を受けます。

(2)　租税特別措置法施行令第40条の4第3項の要件に該当する特定公益信託の信託財産とするために支出しましたので、租税特別措置法第70条第3項の規定の適用を受けます。

(3)　特定非営利活動促進法第2条第3項に規定する認定特定非営利活動法人に対して寄附しましたので、租税特別措置法第70条第10項の規定の適用を受けます。

寄附（支出）年月日	寄附（支出）した財産の明細					公益法人等の所在地・名称（公益信託の受託者及び名称）	寄附（支出）をした相続人等の氏名
	種類	細目	所在場所等	数量	価額		
・　・					円		
・　・							
			合　計				

（注）この特例の適用を受ける場合には、期限内申告書に一定の受領書、証明書類等の添付が必要です。

第14表（令3.7）　　　　　　　　　　　　　　　　　　　　　　（資4－20－15－A4統一）

相続人が相続財産の寄付をした場合には，ここに寄付をした財産
の明細を記載し，一定の受領書，証明書を添付する。（202頁参照）

■ 事例1の税制上の取扱い

<種　類>　　公正証書遺言
<相続人>　　子供のみ
<想　い>　　留学が人生の転機と次世代への想い
<寄付先>　　海外の大学，日本の高校生や大学生の留学を支援している
　　　　　　独立行政法人
<寄付金額>　海外の大学へ 500 万円，独立行政法人へ 500 万円

	相続税	所得税
海外の大学への寄付 500 万円	相続税の対象にならない	－
独立行政法人への寄付 500 万円	相続税の対象にならない	準確定申告で寄付金控除

事例1のポイント

・遺言による寄付は，寄付先に関わらず，原則として相続税の対象にならない。

・一般社団法人，一般財団法人や認定を受けていない NPO 法人であっても相続税の対象にならないので，遺言による寄付であれば，寄付先にこだわらず，自分の想いに沿った寄付先を選定できる。

・ただし，相続税の負担が不当に減少する結果となるとされる場合には，寄付を受けた法人を個人とみなして相続税が課税される。

・遺言による寄付が国，地方公共団体や一定の公益法人等にされた場合には，被相続人の準確定申告で寄付金控除が受けられる。

事例 2 遺言で地元の社会福祉法人や NPO 法人・任意団体に寄付をする場合

信子さん
70代女性

<種　類> 公正証書遺言
<相続人> 兄弟，甥，姪
<寄付先> 地元の社会福祉法人，NPO 法人，任意団体
<想　い> 居住する地域への想い

　私は，結婚する機会がなく，独身で，定年まで会社を勤め上げました。会社に勤めている間に貯めたお金がそれなりにあり，年金もあるので，生活に不自由をしていません。

　配偶者や子供がいないため，兄弟姉妹，甥・姪が相続人になります。しかし，兄弟は高齢ですし，先に亡くなった姉や兄の子供には何十年も会っておりません。そのため，兄弟や甥・姪に財産を遺すことは気が進みません。

　生まれてから，ずっと同じ地域に住み続けていますが，最近特に地域の衰退が気になっています。人が減り，空き家などが増えているだけでなく，人との触れ合いも少なくなってきています。自分の財産は，自分が大好きな，この町で活動している団体に役立てたいと思いますが，具体的にどのような団体があり，どのような支援したらいいのか，わかりませんでした。

　そこで，「いぞう寄付の窓口」（228頁参照）というものを地域で活動する団体を支援するコミュニティ財団で設置していると聞きました，そこに，どのような団体があるのか，どのような方法で寄付できるのかを問い合わせてみたところ，いくつかの団体を紹介してもらいました。その中から社会福祉法人，NPO 法人（認定 NPO 法人ではない），任意団体を3つ選んで，公正証書遺言を残して寄付しようと思っています。

　もし，指定した団体が，自分が死んだときに存在しなくなっていた場合には，コミュニティ財団が受け取れるようにして，コミュニティ財団を通じて

地域の活動に活かして欲しいと思っています。

1 本事例の遺言書の例

遺言書

第1条

　私は，私が有する全財産及び全債務を包括して社会福祉法人◇◇に遺贈する

第2条

　前記社会福祉法人◇◇は，第1条の遺贈の負担として，特定非営利活動法人○○に300万円，△△（任意団体）に300万円を贈与する。

第3条

　もし，第1条及び第2条に記載した団体のうち，私が死亡したときに存在していない団体がある場合には，その団体に遺贈する財産は，公益社団法人□□が受け取ることとする。

Point! 「社会福祉法人に○割，特定非営利活動法人に○割，任意団体に○割を遺贈する」などの記載も考えられますが，そのような記載方法だと，受遺団体のすべてが包括受遺者になってしまい，受贈団体が受けづらくなります。

１つの団体だけを包括受遺者として，その団体に多めに財産を残すような遺言にする方法がお薦めです。その場合は，包括受遺者になる団体には予め了解をとっておいたほうがいいでしょう。

2 税制上の取扱い

(1) 相続税の取扱い

今回の事例は，社会福祉法人，NPO法人，任意団体などに遺言で現預金を

寄付する場合です。

　原則として，法人は，相続税の納税義務者にはなりませんので，社会福祉法人，NPO 法人に対する寄付は，相続税の対象になりません。ただし，任意団体は，原則として相続税の納税義務者になります。任意団体は，法人税法上は，人格のない社団等といい，法人とみなすという規定がありますが，相続税法上はそのような規定はなく，原則として個人と同じ扱いになります（法法 3）。

　ただし，例外規定があり，相続税法 12 条 1 項 3 号で，「宗教，慈善，学術その他公益を目的とする事業を行う者で政令で定めるものが相続又は遺贈により取得した財産で当該公益を目的とする事業の用に供することが確実なものは，相続税の課税価格に算入しない」とされています。つまり，任意団体でも，公益性が高い活動とされた場合は，非課税とされることもあります。

　一方で，任意団体には，その団体に参加しているメンバーのために行う共益的な団体も多く，そのような団体への遺言による寄付は，相続税の対象になります。例えば，町内会や同窓会，大学のクラブ活動への寄付などは，町内会や同窓会，大学のクラブを個人と同じように相続税の納税義務者となります。

■　遺言による寄付を任意団体にする場合

```
                              ┌─────────────────────────┐
                              │ 原則は，相続税の対象になる │
                              └─────────────────────────┘
┌──────────────────────┐
│ 任意団体への遺言による寄付 │
└──────────────────────┘
                              ┌──────────────────────────────┐
                              │ 公益性が高い活動とされた場合に │
                              │ は非課税になることもある        │
                              │ （相法12①三）                  │
                              └──────────────────────────────┘
```

<＜町内会に寄附した相続財産＞>

<＜町内会に寄附した相続財産＞>

【照会要旨】

　町内会に遺贈した財産は，相続税法第12条第1項第3号に規定する非課税財産に該当しますか。なお，町内会では，当該財産の果実をもって，町内会の経費に充てる予定です。

【回答要旨】

　町内会は，その構成員である町又は字の区域その他市町村内の一定の区域内に住所を有する者の利益のために活動するものであることから，相続税法第12条第1項第3号に規定する「公益を目的とする事業を行う者」に該当しません。

　したがって，相続税法第66条第1項の規定により，町内会に相続税が課税されます。

（国税庁　質疑応答事例）

（2）所得税の取扱い

　信子さんの寄付先に，一定の公益法人等があれば，信子さんの準確定申告で寄付金控除を受けることができます。この事例では，社会福祉法人に対する寄付は，寄付金控除が受けられます。

　ただし，信子さんが亡くなった年に所得税が発生しなければ，寄付金控除を受けられても，税額に影響は出ません。

3　条文の確認

（1）任意団体への寄付は原則として贈与税，相続税が課税される条文
　（相法66①）

　任意団体への遺言による寄付の取扱いは，相続税法66条1項にあります。

　ここで，後半の下線部分に注意が必要です。後半部分は贈与税，つまり，生前に任意団体に寄付をした場合の取扱いについて述べられています。

　贈与税は，110万円の基礎控除がありますが，任意団体への寄付の場合には，基礎控除は，寄付を受けた団体の単位で受けることができます。つまり，生前の寄付であったら，ひとつの任意団体ごとに，110万円まで無税になります。したがって，任意団体への相続税を避けるのであれば，生前に寄付をするという方法が考えられます。

（2）任意団体への寄付でも贈与税及び相続税が課税されない場合

　相続税法12条1項では，相続税の非課税財産が列挙されていますが，その3号に，「公益を目的とする事業を行う者」が相続又は遺贈により取得した財産は非課税としています。

　「宗教，慈善，学術その他公益を目的とする事業を行う者で政令で定めるもの」については，相続税法施行令2条に，以下のように定められています。

【相続税法施行令】
（相続又は遺贈に係る財産につき相続税を課されない公益事業を行う者の範囲）
第2条　法第12条第1項第3号に規定する宗教，慈善，学術その他公益を目的とする事業を行う者は，専ら社会福祉法（昭和26年法律第45号）第2条（定義）に規定する社会福祉事業，更生保護事業法（平成7年法律第86号）第2条第1項（定義）に規定する更生保護事業，児童福祉法（昭和22年法律第164号）第6条の3第9項（定義）に規定する家庭的保育事業，同条第10項に規定する小規模保育事業又は同条第十二項に規定する事業所内保育事業，学校教育法（昭和22年法律第26号）第1条（学校の範囲）に規定する学校又は就学前の子どもに関する教育，保育等の総合的な提供の推進に関する法律（平成18年法律第77号）第2条第6項（定義）に規定する認定こども園を設置し，運営する事業その他の宗教，慈善，学術その他公益を目的とする事業で，その事業活動により文化の向上，社会福祉への貢献その他公益の増進に寄与するところが著しいと認められるものを行う者とする。ただし，その者が個人である場合には第一号に掲げる事実，その者が法第六十六条第一項に規定する人格のない社団又は財団（以下この条において「社団等」という。）である場合には第二号及び第三号に掲げる事実がない場合に限る。
一　その者若しくはその親族その他その者と法第六十四条第一項に規定する特別の関係（以下この条において「特別関係」という。）がある者又は当該財産の相続に係る被相続人若しくは当該財産の遺贈をした者若しくはこれらの者の親族その他これらの者と特別関係がある者に対してその事業に係る施設の利用，余裕金の運用，金銭の貸付け，資産の譲渡，給与の支給その他財産の運用及び事業の運営に関し特別の利益を与えること。
二　当該社団等の役員その他の機関の構成，その選任方法その他当該社団等の事業の運営の基礎となる重要事項について，その事業の運営が特定の者又はその親族その他その特定の者と特別関係がある者の意思に従つてなさ

れていると認められる事実があること。
三　当該社団等の機関の地位にある者，当該財産の遺贈をした者又はこれら
　　の者の親族その他これらの者と特別関係がある者に対して当該社団等の事
　　業に係る施設の利用，余裕金の運用，解散した場合における財産の帰属，
　　金銭の貸付け，資産の譲渡，給与の支給，当該社団等の機関の地位にある
　　者への選任その他財産の運用及び事業の運営に関し特別の利益を与えるこ
　　と。

また，相続税法21条の3の贈与税の非課税財産にも同じ規定があります。

ワンポイント
アドバイス　　　　　　　**遺贈寄付の地産地消**

　実際に，この事例で，信子さんが相続税が発生するような人であれば，任
意団体への寄付は相続税が課税される可能性があるので注意が必要です。し
かし，課税遺産総額が基礎控除以下で，相続税が発生しないのであれば，当
然，任意団体にも相続税は発生しません。相続税がかからないのであれば，
寄付先を気にする必要はありません。自分が支援したいと思う団体に寄付を
すればいいわけです。ただし，遺言がないと，相続人が財産を承継する権利
が出てきますので，確実に遺贈寄付をしたいのであれば，遺言か，事例3で
述べる信託の設定が必要です。
　遺贈寄付は，大きな団体へ多額の寄付をするというイメージがありますが，
そのようなことはありません。地域で活動する小規模な法人や任意団体への
遺贈寄付が進み，地域でお金が回っていくということはとても重要なことで
す。寄付は，活動している団体にとって，その活動が評価された証であり，
とても力になります。身近なところで，身近な団体に，たとえ少額でも志を
寄せる。寄付や遺贈の"地産地消"が広がるように応援したいと思います。

■　事例2の税制上の取扱い

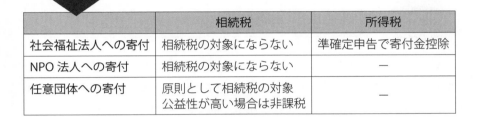

<種　類>　公正証書遺言
<相続人>　兄弟，甥，姪
<想　い>　居住する地域への想い
<寄付先>　地元の社会福祉法人，NPO法人，任意団体

	相続税	所得税
社会福祉法人への寄付	相続税の対象にならない	準確定申告で寄付金控除
NPO法人への寄付	相続税の対象にならない	―
任意団体への寄付	原則として相続税の対象 公益性が高い場合は非課税	―

事例2のポイント

・任意団体への寄付は，原則として相続税の対象になる。ただし，任意団体でも，公益性が高い活動とされた場合については，非課税とされることもある。

・しかし，課税遺産総額が基礎控除以下であれば，相続税はかからず，どこに寄付をしても税制上の違いはほとんどない。

・身近なところで身近な団体に少額でも志を寄せる遺贈寄付の「地産地消」が大切ではないか。

信託で公益法人等に寄付をする場合

紀子さん
80代女性

<種　類>	信託による契約	
<相続人>	子ども2人	
<想　い>	自分が思ったとおりに使いたい	
<寄付先>	金融機関が指定した寄付先から選択	

　私は，5年前に配偶者を亡くし，今は1人で生活をしています。娘と息子がいますが，2人とも自分の生活が忙しいようで，ほとんど連絡をしてくることはありません。私の配偶者は仕事一筋で，家庭のことは私がほとんど行っていましたが，家事の合間に，裁縫の技術を活かし，知り合いを中心にして洋服の仕立てを行い，かなりの稼ぎがありました。現在は，仕事は行っていません。以前は若いころの稼ぎで，趣味の美術鑑賞のために，日本国中の美術館をまわったり，世界の有名な美術館を訪れるなどしていましたが，最近は足腰も弱ってきており，遠くに行くことが難しくなってきています。子供の世話にはなりたくないので，施設に入った場合の資金などは残していますが，そのようなことがなければ，財産を使い切ることはなさそうです。

　自分で築いた財産分は自分が思ったように使いたいと思います。子供に財産を遺すのもいいですが，一部は，自分が支援したいと思う団体に寄付をしたいと思うようになりました。

　そのためには遺言を書かなければいけないと聞きましたが，書き方がわからず，また，書いても確実に実行されるかどうか，不安があります。

　弟が，かつて金融機関に勤めていたので相談したところ，信託の仕組みを使うと，遺言は作成しなくても，確実に寄付が実行されるということを聞きました。そこで，弟から紹介された金融機関の信託商品を使って寄付をすることとしました。

金融機関が指定したいくつかの寄付先があったので，そこから一番自分が共感できる団体を寄付先として選び，申込書にサインをしてきました。

1 信託による寄付とは

今回の事例は，遺言代用信託で寄付をする場合です。

遺言による寄付の場合には，寄付をする財産を使ってしまう，遺言を書き換える，遺言書を紛失するなどの可能性もあり，確実に実行されるとは限りません。しかし，信託による寄付は，一般的には商品化された金融サービスを利用するため，手続きも簡単で確実に寄付を実行することができます。

信託では，信託を設定した時点で，その財産の所有権は，受託者である金融機関に移ります。しかし，その財産は，金融機関が自由に使っていいわけではなく，あくまでも委託者である寄付者の意向を信託の目的に定め，その目的に沿って財産を管理することになります。信託による寄付では，その目的を，例えば，「委託者である寄付者が死亡したときには，その財産は，○○団体に寄付をする」と定めるわけです。そして，死亡時等には，その委託者が定めた目的に応じて，受託者である金融機関が指定した団体に引き渡します。このような仕組みがあるので，確実に寄付が実行できます。

信託による寄付と遺言による寄付を比較すると，次のようになります。

	信託による寄付	遺言による寄付
作成する書面	契約書	遺言書
寄付する意思の伝え方	信託目的に定める	一方的に遺言に書く
手続きの難易度	簡単	やや大変
意思決定時の財産	受託者に移転	遺言者が所有したまま
意思決定後の財産	受託者が管理・運用	遺言者が自由に使用
死亡時等における手続き	受託者が受益者に引き渡し	遺言執行者が手続き
手続きに必要な手数料	有料と無料のものがある	公正証書遺言は有料

（遺贈寄附推進機構株式会社 作成）

信託による寄付は，遺言による寄付にはない，いくつかの注意点があります。

① 寄付先は，金融機関が指定した寄付先に限定されます。金融機関が指定した寄付先は自治体などかなり限定されているケースが多いので，自由に寄付先を選ぶことはできません。
② 信託商品によっては，信託を設定したのち，途中解約ができないものもあります。
③ 手続きに通常手数料がかかります。なかには無料のものもあるようです。
④ 寄付をできる信託商品がある金融機関は非常に限られています。

信託による寄付をした場合に，所有権は，寄付者から受託者である金融機関等に移転しますが，相続財産の一部であるとみなされて，遺留分計算の対象になります。

2　税制上の取扱い

(1) 相続税の取扱い

信託を設定したときには所有権は移りますが，課税はありません。

信託財産は，相続税の計算では相続財産とみなされ，課税の対象になりますが，信託による寄付の場合には，委託者である寄付者が死亡した段階で，寄付が実行されたと考えられますので，遺言による寄付と同様に，相続税の課税対象になりません。

(2) 所得税の取扱い

寄付先が一定の公益法人等である場合には，被相続人の準確定申告で寄付金控除の対象になります。

特定寄付信託のように，生前に一定の公益法人等に寄付をする信託の場合

には，寄付をしたときに，寄付金控除を受けることができます。

　なお，特定寄付信託では，その運用益が非課税になります。

■　事例3の税制上の取扱い

<種　類>　信託による契約
<相続人>　子ども2人
<想　い>　自分が思ったとおりに使いたい
<寄付先>　金融機関が指定した寄付先から選択

	相続税	所得税
信託による寄付	相続税の対象にならない	寄付先が一定の公益法人等であれば，準確定申告で寄付金控除

事例3のポイント

・信託による寄付は，遺言による寄付よりも，寄付を確実に実行できる。

・寄付先は，金融機関が指定した寄付先に限定される。

・寄付をできる商品を持っている金融機関は，まだ少ない。

第3節　相続人が相続財産の寄付をした場合

事例4　相続財産の一部を認定NPO法人等に寄付する場合

徹さん
50代男性

＜種　類＞	母からの相続財産を寄付
＜想　い＞	母のシリア難民への想い
＜寄付先＞	シリア難民を支援している認定NPO法人
＜寄付金額＞	100万円

　私は，相続で母親から財産を取得しました。

　私には弟がおりますが，私と弟は仲が良く，母は相続で揉めるような可能性は考えられないと判断し，遺言を作成せずに亡くなりました。

　母は，海外旅行が好きで，生前，世界中を旅していました。特に，古代の遺跡が好きで，中東やエジプトなどにもしばしば出かけていました。母は，自分がかつて旅行した地域で紛争が起こり，多くの難民が発生していることに心を痛めており，自分の財産の一部をシリア難民を支援する団体に寄付をしたいという意向を持っていました。私は，日頃から母の話を聞いていたので，母親の想いを汲んで，シリア難民を支援しているNPO法人などを探して，相続財産の中から寄付をしようと考えました。

　WEBなどで調べると，相続財産を寄付する場合には，相続税の申告期限までに，認定NPO法人や公益社団法人，公益財団法人に寄付をしないと，相続税が課税されるということがわかりました。認定NPO法人，公益社団法人，公益財団法人の中からシリア難民を支援している団体をいくつかピックアップし，それぞれの法人のHPや請求した資料を見て，1つの認定NPO法人を選んで，寄付をすることにしました。

　認定NPO法人に相続財産の寄付をすると，相続税が非課税になるだけで

104

なく，自分の確定申告で寄付金控除も受けることができ，かなりの節税になることが分かりましたので，当初考えていた金額よりも多く，現預金100万円を相続税の申告期限までに認定NPO法人A（認定NPO法人Aは，私が居住する市区町村に所在する法人です）に寄付をしました。

　寄付をしたことを弟に報告をしたところ，母親も喜んでいるだろうと言ってくれました。今度お墓参りに行ったときに母にも報告しようと思います。

1　税制上の取扱い

（1）相続税の取扱い

　相続人が相続又は遺贈により財産を取得し，その取得した財産を寄付した場合には，いったん相続人が財産を取得しているため，原則として相続人に相続税が課税されます。しかし，以下の要件を満たしている場合には，相続税は非課税になります。これが租税特別措置法70条の規定です。

---

① 　寄付をした財産は，相続又は遺贈により取得した財産であること。
（相続又は遺贈により取得したとみなされる生命保険金や退職手当金も含みます）
② 　その取得した財産を相続税の申告書の提出期限までに寄付すること。
③ 　寄付した先が，国，地方公共団体，一定の公益法人等であること。
④ 　相続税の申告書に，寄付した財産の明細並びにその法人のその財産の使用目的を記載し，領収書等を添付すること。

　今回の事例は，相続人が相続により取得した財産を相続税の申告期限までに認定NPO法人に寄付をしているため，その寄付をした財産100万円については，相続税が非課税になります。

　ただし，次の場合には，これらの特例の適用を受けることができません。

---

① 　寄付を受けた日から2年を経過した日までに特定の公益法人，認定NPO

法人等に該当しなくなった場合や特定の公益法人又は認定 NPO 法人がその財産を公益を目的とする事業の用又は特定非営利活動に係る事業の用に使っていない場合
②　寄付又は支出した人あるいは寄付又は支出した人の親族などの相続税又は贈与税の負担が結果的に不当に減少することとなった場合

(2) 所得税，住民税の取扱い

　相続財産の寄付の場合には，その寄付先が，国や地方公共団体，一定の公益法人等であるときには，相続人の確定申告で寄付をした金額を控除することができます。控除には，所得金額から寄付をした金額を控除する寄付金控除（所得控除）と，税率をかけた後の算出税額から控除する寄付金特別控除（税額控除）があり，寄付者がいずれかを選択します。

　ただし，所得控除は，国や地方公共団体，一定の公益法人等であれば適用がありますが，税額控除は，国や地方公共団体への寄付には適用がなく，一定の公益法人等についても，税額控除団体としての証明を受けた法人についてのみ適用があります（認定 NPO 法人の場合には，すべての法人に税額控除の適用があります）。

①　寄付金控除（所得控除）

（その年中に支出した特定寄付金の額の合計額）−（2,000円）＝（寄付金控除額）

(注) 特定寄付金の額の合計額は所得金額の 40 ％相当額が限度です。

②　寄付金特別控除（税額控除）

$$\left(\begin{array}{l} \text{その年中に支出した認定 NPO 法人} \\ \text{等に対する寄付金の額の合計額} \end{array} - 2,000\,円 \right) \times 40\,\% = \begin{array}{l} \text{寄付金特別} \\ \text{控除額} \end{array}$$

◎ 100 円未満の端数切捨て
(注1) 寄付金の額の合計額は所得金額の 40 ％相当額が限度です。

（注2）寄付金特別控除額はその年分の所得税額の25％相当額が限度です。
（詳細は72〜73頁参照）

> ### ワンポイント アドバイス
> ### 相続税が非課税になった財産を寄付して寄付金控除が受けられるのか？
>
> 　租税特別措置法70条の規定を受けて相続税が非課税になった財産を寄付した場合に，寄付金控除の適用があるのか？　という疑問があるかと思います。国税庁の質疑応答事例に，相続税が非課税になった財産を寄付した場合にも寄付金控除の適用がある旨の記載があります。
>
> ---
>
> ＜国等に対して相続財産を贈与し，相続税の非課税規定の適用を受けた場合＞
> 【照会要旨】
> 　相続により取得した財産を相続税の申告期限までに，国又は地方公共団体等の一定の者に贈与した場合には，租税特別措置法第70条《国等に対して相続財産を贈与した場合等の相続税の非課税等》により当該贈与した財産の価額は，相続税の課税価格の計算の基礎に算入しないこととされています。
> 　この贈与についても寄附金控除の対象となりますか。
> 　なお，この寄附は遺言に基づくものではありません。
> 【回答要旨】
> 　寄附金控除の対象となります。
> 　ただし，寄附をした財産について，租税特別措置法第40条第1項《国等に対して財産を寄附した場合の譲渡所得等の非課税》により譲渡所得等の非課税の適用を受ける場合の寄附金控除の対象となる金額は，その財産の取得価額（被相続人から引き継いだ取得価額）とされます（租税特別措置法第40条第19項）。
>
> （国税庁 質疑応答事例）

　なお，相続税の非課税及び寄付金控除を受けるためには，寄付金の受領証

明書などの添付書類が必要です。添付書類については，202頁をご覧ください。

2　本事例の計算

　本事例では，徹さんは，相続財産を認定NPO法人に寄付をしているため，徹さんの所得税の確定申告で，寄付金控除又は寄付金特別控除のいずれか有利な方を受けることができます。

　また，寄付金控除には，都道府県民税，市区町村民税にも適用があります。徹さんは，自身が居住する市区町村に所在する認定NPO法人に寄付をしていますので，都道府県民税，市区町村民税でも控除を受けることが可能です。

　以下で，実際の数字にあてはめてみていきます。

(1)　相続税の計算

　徹さんの母の正味の遺産額は1億5,000万円，相続人は徹さんと弟の2人，徹さんは相続財産から現預金100万円を認定NPO法人に寄付をしています。

	遺贈寄付あり	遺贈寄付なし
正味遺産額	1億5,000万円	
基礎控除	△4,200万円 （3,000万円＋600万円×法定相続人2人）	
遺贈寄付 （相続財産の寄付）	100万円	0円
相続税の課税対象	1億700万円	1億800万円
相続税額	（1億700万円×1/2×30％－700万円）×2＝1,810万円	（1億800万円×1/2×30％－700万円）×2＝1,840万円
差額	1,840万円－1,810万円＝30万円	

　相続財産を100万円寄付したことによって，相続税額は30万円減っています。

　これは，徹さんの母の相続税の申告において，各法定相続人の相続分に応

じる相続税の限界税率が 30 ％であったためです。正味遺産額や法定相続人の数，配偶者が相続人にいるのか，相続税の 2 割加算があるのかなどにより，寄付により影響を受ける税額も変わってきます。

(2) 所得税の計算

徹さんの寄付をした年の総所得金額は 1,200 万円，課税所得金額は 1,000 万円とします。

(注) 本計算においては復興特別所得税（以下「復興税」とします）はないものとして計算します。また，寄付金控除には 2,000 円の足切りがありますが，足切り金額は省略しています。

	遺贈寄付あり	遺贈寄付なし
総所得金額	1,200 万円	
課税所得金額	1,000 万円	
遺贈寄付 （相続財産の寄付）	100 万円	0 円
算出税額	1,000 万円×33 ％－1,536,000 円＝1,764,000 円	
税額控除	100 万円(注)×40 ％＝400,000 円 <1,764,000 円×25 ％＝441,000 円	0 円
所得税額	1,764,000 円－400,000 円 ＝1,364,000 円	1,764,000 円
差額	1,764,000 円－1,364,000 円＝400,000 円	

(注) 1,200 万円（総所得金額）×40 ％＝480 万円＞100 万円
　　∴ 100 万円

寄付金額 100 万円は，総所得金額の 40 ％である 480 万円よりも小さいですので，100 万円全額が寄付金控除の対象になります。

税額控除は，100 万円×40 ％＝40 万円が算出税額である 1,764,000 円×25 ％＝441,000 円以下であるので，40 万円全額が控除できます。

したがって，遺贈寄付をしなかったときと比較して 40 万円所得税が減ることになります。

さらに，都道府県民税及び市区町村民税の控除を受けられますので，10万円の控除を受けることができます。

　つまり，相続財産の寄付をすることで，徹さんは，相続税で30万円，所得税で40万円，都道府県民税及び市区町村民税で10万円，合計で80万円の税負担が減り，実質負担は20万円だったということになります（復興税の影響は除きます）。

3　条文及び通達の確認

租税特別措置法70条1項，2項の条文は，下記のとおりです。

【租税特別措置法】

(国等に対して相続財産を贈与した場合等の相続税の非課税等)

第70条　相続又は遺贈により財産を取得した者が，当該取得した財産を申告書の提出期限までに国若しくは地方公共団体又は公益社団法人若しくは公益財団法人その他の公益を目的とする事業を行う法人のうち，教育若しくは科学の振興，文化の向上，社会福祉への貢献その他公益の増進に著しく寄与するものとして政令で定めるものに贈与をした場合には，当該贈与により当該贈与をした者又はその親族その他これらの者と同法第六十四条第一項に規定する特別の関係がある者の相続税又は贈与税の負担が不当に減少する結果となると認められる場合を除き，当該贈与をした財産の価額は，当該相続又は遺贈に係る相続税の課税価格の計算の基礎に算入しない。

2　前項に規定する政令で定める法人で同項の贈与を受けたものが，当該贈与があつた日から二年を経過した日までに同項に規定する政令で定める法人に該当しないこととなつた場合又は当該贈与により取得した財産を同日においてなおその公益を目的とする事業の用に供していない場合には，同項の規定にかかわらず，当該財産の価額は，当該相続又は遺贈に係る相続税の課税価格の計算の基礎に算入する。

（1）相続又は遺贈により取得した財産

　相続又は遺贈により取得した財産には，相続又は遺贈により取得したとみなされる生命保険金や退職手当金も含みます。

　一方で，相続開始前 3 年以内に被相続人から贈与により取得した財産の相続税の課税価格に加算されるもの，相続時精算課税の適用を受ける財団で相続税の課税価格に加算されるものは含みません（措通 70-1-5）。

（2）不当に減少する結果となると認められる場合

　相続税法施行令 33 条 3 項各号に掲げる要件を満たすときは，「相続税又は贈与税の負担が不当に減少する結果となると認められる」場合に該当しないものとして取り扱われます（措通 70-1-11）。

　相続税法施行令 33 条 3 項については，事例 11 の「財団法人を設立した場合」をご参照ください。

（3）公益を目的とする事業の用に供しているか

　贈与により取得した財産が公益を目的とする事業の用に供されているかどうかの判定は，贈与財産が，その贈与の目的に従ってその公益法人の行う公益を目的とする事業（認定特定非営利活動法人については，特定非営利活動促進法 2 ①に規定する事業）の用に供されているかどうかによるものとし，贈与財産が贈与時のままでその用に供されているかどうかは問わないものとします。

　したがって，例えば，法人の建物その他の施設の取得資金に充当する目的で贈与された金銭がそれらの施設の取得資金に充当され，又は，配当金その他の果実を当該法人の行う公益を目的とする事業の用に供する目的で贈与された株式その他の財産の収益が当該法人の当該事業の用に供されていることが，それらの財産の管理，運用の状況等から確認できるときは，これらの贈与財産は，いずれもその法人の公益を目的とする事業の用に供されているも

のとして取り扱います（措通70-1-13）。

租税特別措置法 70 条と 40 条の違い

租税特別措置法 70 条の取扱いは，租税特別措置法 40 条（みなし譲渡所得税等の非課税特例）とは取扱いが違います。

租税特別措置法 70 条の適用を受ける場合には，寄付を受けた財産を贈与時のままでその用に供されているかは問わないこととされていますので，例えば受遺団体が株式の寄付を受けて，その株式を売却して公益を目的とする事業の用に供することが認められます。しかし，租税特別措置法 40 条の適用を受ける場合には，「直接公益を目的とする事業の用に供する」ことが求められるため，受遺団体が寄付を受けた財産を売却して，その売却代金を公益目的の事業の用に供することは，認められません（一定の要件を満たす場合の買換えは認められる場合があります）。

寄付を受けた株式について，
2 年後までの間に配当を受けたことがない場合

公益法人に贈与された株式について，贈与の 2 年後までの間に配当を受けたことがない場合には，租税特別措置法 70 条 2 項に規定する事業の用に供していない場合に該当するとされた判決があります（大阪高裁 2000 年（行コ）第 111 号　2001 年 11 月 1 日判決）。

この判決では，「措置法 70 条 2 項で言う「公益を目的とする事業の用に供していない場合」とは，租税回避行為のほかその贈与の対象となった財産をその性格に従って当該事業の用に供するために実際に使用収益処分していない場合をいうものと解するのが正当である」としています。

■　事例 4 の税制上の取扱い

<種　類>　　母からの相続財産を寄付
<想　い>　　母のシリア難民への想い
<寄付先>　　シリア難民を支援している認定 NPO 法人
<寄付金額>　100 万円

	相続税	所得税
認定 NPO 法人へ相続財産から寄付	相続税は非課税になる。	確定申告で寄付金控除を受けられる。

事例 4 のポイント

・相続財産を認定 NPO 法人などの一定の公益法人等に寄付をする場合には，相続税が非課税になるだけでなく，相続人の確定申告で寄付金控除を受けることができる。
・相続税の非課税や寄付金控除は，寄付を迷っている人にとっては寄付を後押ししてくれる制度。

事例 5 相続財産の一部を地方公共団体に寄付する場合

誠さん
60代男性

<種　類>	母からの相続財産を寄付
<寄付先>	故郷の地方公共団体
<寄付金額>	100万円
<想　い>	故郷への想い

　私の父親は地方公務員で3年前に亡くなりました。母親は公立学校で先生をしており，今年亡くなりました。両親は亡くなるまで同じ地域で過ごしていましたが，私は大学のときに大阪に出て，そのまま関西の会社に就職したため，故郷に戻ることはありませんでした。

　しかし，故郷への想いは強いままで，いつの日か故郷に貢献したいという想いを持っており，高校の同級生である妻と故郷の高校野球のチームが甲子園に出場するときには，よく甲子園に応援をしに行ったりしておりました。

　母が亡くなり，1人息子である私は，父から母に引き継いだ財産も含めて，母からの財産をすべて相続しました。その一部は，両親が居住し，自身も育った地方自治体に寄付をしようと思いました。

　地方自治体への寄付というと，ふるさと納税があり，今まで返礼品を目的として何回かを利用したことがありましたが，今回は返礼品目的ではなく，使い道を指定することができる地方自治体のプロジェクトを選ぶことにしました。母が，公立学校の先生をしていたこともあり，ふるさと納税の中で，未来を担う子供たちを育むことに使い道が定められているものを選んで寄付をしました。

　寄付額は，ふるさと納税の限度額は超えていましたが，相続税や，所得税の寄付金控除は受けられると聞いたので，100万円の寄付をすることとしました。

114

1　税制上の取扱い

（1）相続税の取扱い

　誠さんは，相続により取得した財産を地方公共団体に寄付をしたので，相続税の申告期限までに寄付をすれば，相続税が非課税になります。

（2）所得税の取扱い

　誠さんは，ご自身の確定申告をすることで，寄付金控除を受けることができます。控除には，所得金額から寄付をした金額を控除する寄付金控除（所得控除）と，税率をかけた後の算出税額から控除する寄付金特別控除（税額控除）がありますが，地方公共団体への寄付は，寄付金控除（所得控除）のみ適用があります。

（3）住民税の取扱い

　誠さんの地方公共団体への寄付は，ふるさと納税の対象になります。ふるさと納税は，確定申告をすると，翌年の住民税から，その分が控除されます。
　ふるさと納税は，基本分と特例分があり，特例分は，住民税所得割額の2割が限度になっているので，限度額を超える部分については，住民税の控除はできません。
　整理すると，控除額は以下のようになります（復興税は加味しません）。

---

①　寄付金額×相続税の限界税率
②　寄付金額×所得税の限界税率
　　（ただし，控除になる寄付金額は総所得金額等の40％が上限）
③　寄付金額×10％（住民税の基本分）
④　寄付金額×（100％－10％－所得税率）
　　（ただし，住民税所得割額の2割が限度）

2　今回の事例の計算

事例 4 と同じように，寄付をしたことによる影響額を見ていきます。

（1）相続税の計算

相続税の影響は，事例 4 と同じで，寄付をした金額×相続税の限界税率です。

相続税の事例 4 と同じく，限額税率は 30 ％とすると，その影響額は，100 万円×30 ％＝30 万円になります。

（2）所得税の計算

事例 4 と同じく，誠さんの寄付をした年の総所得金額は 1,200 万円，課税所得金額は 1,000 万円とします（復興税はないものとして計算します。また，寄付金控除には 2,000 円の足切りがありますが，足切り金額は省略しています）。

地方公共団体への寄付は，寄付金控除（所得控除）のみが適用されます。

	遺贈寄付あり	遺贈寄付なし
総所得金額	1,200 万円	
課税所得金額	1,000 万円	
遺贈寄付 （相続財産の寄付）	100 万円	0 円
算出税額，所得税額	（1,000 万円－100 万円(注)）×33 ％－1,536,000 円＝1,434,000 円	1,000 万円×33 ％－1,536,000 円＝1,764,000 円
差額	1,764,000 円－1,434,000 円 330,000 円	

（注）1,200 万円（総所得金額）×40 ％＝480 万円＞100 万円
　　　∴ 100 万円

寄付金額 100 万円は，総所得金額の 40 ％である 480 万円よりも小さいですので，100 万円全額が寄付金控除の対象になります。

地方公共団体への寄付は，所得控除のみが適用されます。誠さんの所得税

の限界税率は 33 ％であるため，寄付金控除として 100 万円を所得控除することにより，100 万円×33 ％＝33 万円が遺贈寄付をしなかったときと比較して減ることになります。

(3) 住民税の計算

　　誠さんはふるさと納税を寄付をした年に他には行っていないものとします。

	遺贈寄付あり	遺贈寄付なし
総所得金額	1,200 万円	
課税所得金額	1,005 万円	
遺贈寄付 （相続財産の寄付）	100 万円	0 円
算出税額（均等割 は除きます）	1,005 万円×10 ％＝1,005,000 円	
税額控除（基本分）	100 万円(注)×10 ％＝10 万円	0 円
税額控除（特例分）	100 万円×（100 ％－10 ％－33 ％）＝57 万円＞ 1,005,000 円×20 ％＝201,000 円　∴ 201,000 円	0 円
住民税額	1,005,000 円－10 万円－201,000 円＝704,000 円	1,005,000 円
差額	1,005,000 円－704,000＝301,000 円	

(注)　1,200 万円×30 ％＝360 万円＞100 万円
　　　∴ 100 万円

　　寄付金額 100 万円は，総所得金額の 30 ％である 360 万円よりも小さいですので，100 万円全額が寄付金控除の対象になります。

　　地方公共団体への寄付は，住民税での計算では，税額控除のみが適用されます。

　　税額控除の基本分として，100 万円×10 ％＝10 万円が控除されます。

　　税額控除の特例分として，100 万円×（100 ％－10 ％－33 ％）＝57 万円が計算されますが，特例分の控除は，住民税所得割額の 20 ％が限度で，住民税所得割額は 1,005,000 円であるため，1,005,000 円×20 ％＝201,000 円が限度になります。

したがって，遺贈寄付をしなかったときと比較して，301,000 円住民税額が減ることになります。

　相続財産の寄付をすることで，誠さんは，相続税で 30 万円，所得税で 33 万円，住民税で 301,000 円，合計で 931,000 円の税負担が減り，実質負担は 69,000 円だったということになります（復興税の影響は除きます）。

3　ふるさと納税の計算の詳細

　地方公共団体へ寄付した場合の所得税と住民税の控除額の計算は，以下になります

（1）所得税の控除額

　所得税からの控除額は，下記の計算式で決まります。なお，控除の対象となるふるさと納税額は，総所得金額等の 40 ％が上限です。

　所得税からの控除＝（ふるさと納税額－2,000 円）×「所得税の税率」

（2）住民税の控除額

　住民税からの控除には「基本分」と「特例分」があります。

①　基本分

住民税からの控除（基本分）＝（ふるさと納税額 − 2,000 円）× 10 ％

（注）控除の対象となるふるさと納税額は，総所得金額等の 30 ％が上限です。

②　特例分

（ⅰ）特例分が住民税所得割額の 2 割を超えない場合

$$\text{住民税からの控除（特例分）} = \left(\text{ふるさと納税額} - 2{,}000\,\text{円} \right) \times \left(100\,\% - \frac{10\,\%}{\text{（基本分）}} - \text{所得税の税率} \right)$$

（注）上記における所得税の税率は，個人住民税の課税所得金額から人的控除差調整額を差し引いた金額により求めた所得税の税率であり，上記①の所得税の税率と異なる場合があります。

（ⅱ）特例分が住民税所得割額の 2 割を超える場合

住民税からの控除（特例分）＝（住民税所得割額）× 20 ％

（注）この場合，(1)，(2) ①②の 3 つの控除を合計しても（ふるさと納税額 − 2,000 円）の全額が控除されず，実質負担額は 2,000 円を超えます。

（総務省「ふるさと納税ポータルサイト」より）

■　事例 5 の税制上の取扱い

<種　類>　　母からの相続財産を寄付
<想　い>　　故郷への想い
<寄付先>　　故郷の地方公共団体
<寄付金額>　100 万円

	相続税	所得税	住民税
地方公共団体への寄付	相続税は非課税	確定申告で寄付金控除（所得控除）を受けられる。	ふるさと納税の対象になる。

事例 5 のポイント

・相続財産を地方公共団体へ寄付をすると，相続税が非課税になるだけでなく，ふるさと納税の対象になる。

・ふるさと納税の特例分で限度額を超える場合でも，所得税の寄付金控除や住民税の基本分の控除は受けられる。

・返礼品目的でなく，使い道を指定できるプロジェクトを多くの自治体が用意している。

事例6 相続財産からの寄付で相続税が発生しない場合

洋子さん
60代女性

<種　類>　　母からの相続財産の寄付
<想　い>　　母がクラシック音楽好きだった
<寄付先>　　地元の交響楽団（公益財団法人）
<寄付金額>　10万円

　私の母は，数年前に脳梗塞になりました。介護施設での生活を余儀なくされており，1年前から状況が悪化し，半年前に他界しました。父はすでに亡くなっており，相続人は娘の私と弟の2人だけでした。母は，長年，民間の介護施設に入居していたため，財産はほとんどなく，葬式費用などを支払うと，数十万円だけが残りました。私も弟もすでに経済的に自立しており，親の相続財産をあてにする必要もないので，今後の法要に係る費用などを除いた残りのお金を母の思いを汲んだ団体に寄付をすることを考えました。

　母は，音楽が好きで，特にクラシック音楽を好んでいました。クラシックコンサートなどにもしばしば出かけており，私も母に連れられて行くこともありました。そこで，しばしばコンサートを聴きに行っていた地元の交響楽団（公益財団法人）に相続財産のうちから10万円を寄付することにしました。

　寄付をする際に，手紙で，「母が何度もコンサートを聴きにいっており，施設に入っている間も，元気になってもう一度コンサートに行けるようになることを楽しみにしていた」ということを伝えました。

　先日，その交響楽団から，お礼のお手紙と，コンサートへの招待状が届き，私は，自分の娘を連れて，コンサートを聴きに出かけました。コンサートの終わりに近づいたころに，指揮者の方から，母の名前が呼ばれ，私が手紙に書いたエピソードを読まれました。このような方がいることにより，自分たちの交響楽団の活動のエネルギーになるということを話されており，母の思

いを汲んで，寄付をしてよかったと思いました。

1　税制上の取扱い

(1) 相続税の取扱い

　相続財産の寄付であり，寄付先は公益財団法人ですので，相続税の申告期限までに寄付をしていれば，寄付をした財産は相続税が非課税になります。

　ただし，今回の事例では，洋子さんの母は相続財産が数十万円ということですから，相続税は発生しません。したがって，公益財団法人に寄付をしたことによる相続税上のメリットは，洋子さんにはありません。

(2) 所得税の取扱い

　洋子さんが，所得税を支払っている場合には，確定申告をすることで，寄付金控除を受けることができます。寄付をした場合の控除には，寄付金控除（所得控除）と寄付金特別控除（税額控除）があり，公益財団法人は，寄付金控除は無条件で受けられますが，寄付金特別控除は，税額控除団体としての証明等を受けた団体にのみ認められます。

　相続税非課税のメリットはない場合であっても，一定の公益法人等の寄付であれば，所得税で寄付金控除が受けられますので，忘れないようにしてください。

2　今回の事例の計算

(1) 相続税の計算

　相続税は支払いませんので，影響はありません。

（2）所得税の計算

　洋子さんの寄付をした年の給与収入金額が 500 万円，総所得金額（給与所得控除額を控除した後の金額）が 356 万円，課税所得金額が 266 万円とします。（復興税はないものとして計算します。また，寄付金控除には 2,000 円の足切りがありますが，足切り金額は省略しています）

　なお，洋子さんが寄付をした公益財団法人は，洋子さんが居住する市に本店が所在する法人で，税額控除団体であるとします。

　寄付金額 10 万円は，総所得金額の 40 ％である 1,424,000 円よりも小さいですので，10 万円全額が寄付金控除の対象になります。

　税額控除は，10 万円×40 ％＝4 万円が，算出税額である 168,500 円×25 ％＝42,125 円以下であるので，4 万円全額が控除できます。

　したがって，遺贈寄付をしなかったときと比較して 4 万円所得税が減ることになります。

　さらに，都道府県民税及び市区町村民税の控除を受けられますので，1 万円の控除を受けることができます。

	遺贈寄付あり	遺贈寄付なし
総所得金額	356 万円	
課税所得金額	266 万円	
遺贈寄付 （相続財産の寄付）	10 万円	0 円
算出税額	266 万円×10 ％－97,500 円＝168,500 円	
税額控除	10 万円(注)×40 ％＝4 万円＜168,500 円×25 ％ ＝42,125 円 ∴ 4 万円	0 円
所得税額	168,500 円－4 万円＝128,500 円	168,500 円
差額	168,500 円－128,500 円＝4 万円	

（注）356 万円（総所得金額）×40 ％＝1,424,000 円＞10 万円
　　　∴ 10 万円

つまり，相続財産の寄付をすることで，洋子さんは，相続税でのメリットはうけることができませんが，所得税で4万円，住民税で1万円，合計で5万円の税負担が減ります。

　遺贈寄付というと，多額の財産を取得した人が多額の寄付をするというイメージがありますが，必ずしもそのようなことではなく，少額でも（10万円は通常の寄付であれば，非常に多額です！）亡くなった方の想いを汲んだ寄付は，非営利団体の活動にとって，とても力になるものです。相続税非課税というメリットが受けられない場合でも，寄付金控除という形で税制はこのような寄付を後押ししていると言えるのではないでしょうか。

**ワンポイント
アドバイス**　　**税額控除制度と税額控除団体**

　寄付をした場合の控除には，寄付金控除（所得控除）と寄付金特別控除（税額控除）があります。

　所得控除は，大口の寄付や税率が高い人が寄付する場合には効果が高いのですが，小口の寄付には，減税効果はあまりありません。そこで，小口の寄付の促進のために，平成23年度に寄付金特別控除（税額控除）が導入されました。それにより寄付者の選択で，どちらかを選べることになりました。

　遺贈寄付の場合には，多額になるケースもありますが，今回の事例のように相続人から少額の寄付もあり，その場合には，多くの場合，税額控除のほうが有利になります。

　ただし，税額控除は，国や地方公共団体には，適用されず，公益社団法人，公益財団法人や社会福祉法人，学校法人などの場合も，原則として所得控除のみしか適用はなく，税額控除は税額控除になるための申請をし，一定の要件を満たしていることについて認められた法人についてのみ認められます。しかし，認定NPO法人は，すべての認定NPO法人に税額控除が認められています。

　公益社団法人等が税額控除団体であるかどうかについては，内閣府の，「公益法人とNPO法人の税額控除対象法人の一覧について」に都道府県ごと

に一覧で掲載されています。

（https://www.cao.go.jp/others/koeki_npo/koeki_npo_zeigakukoujyohojin.html）

■ 事例 6 の税制上の取扱い

> ＜種　類＞　　母からの相続財産の寄付
> ＜想　い＞　　母がクラシック音楽好きだった
> ＜寄付先＞　　地元の交響楽団（公益財団法人）
> ＜寄付金額＞　10 万円

	相続税	所得税
公益財団法人へ相続財産から寄付	相続税は非課税になる。（事例 6 では相続税が発生しないのでメリットなし）	確定申告で寄付金控除を受けられる。

事例 6 のポイント

・相続税が発生しないのであれば，相続税が非課税になるメリットはないが，相続人が寄付金控除を受けられるメリットは大きい。

・少額でも，想いを汲んだ寄付は，非営利団体の活動にとって，とても大きな力になる。

事例 7　みなし譲渡所得税の対象になる不動産等を寄付する場合

和子さん
80代女性

<種　類>	公正証書遺言で寄付
<相続人>	甥，姪
<想　い>	まちの名建築物を地域で利活用
<寄付先>	地元の一般社団法人
<寄付金額>	自宅として利用している不動産，時価 3,000 万円

　私は，現在，ひとりで自宅に住んでいます。現在は，10年前に亡くなった夫の遺族年金で生活をしており，他に所得はありません。

　現在住んでいる土地，建物は，父の代から引き継いだもので，まちづくりの団体などからも，「まちかどの名建築物」として指定されています。自分の死後も，この建物を残したいと思っていますが，私に子供はおらず，兄弟もすでに死亡しており，甥や姪は，何十年もあっていないので，そのようなことを託すことはできません。

　そこで，その不動産を，地域で活動する団体に寄付をすることを考えました。寄付した後は，どのような用途で使ってもらってもいいですが，その不動産を第三者に売却することは望みません。

　私が居住している不動産について，不動産鑑定士に見積もりをしてもらったところ，時価は3千万円ほどでした。父が戦前に取得したものであるため，取得したときの資料はなく，取得金額はわかりません。

　受け入れてもらえる団体がないか，地域のNPO支援センターに相談したところ，不動産をその活動に直接使うことができるところはなかったということでしたが，その不動産を他の人に貸して，その賃貸料をその団体の活動に充てるということでよければ，受け入れてもいいという一般社団法人があ

るということでした。

　税理士に相談してみたところ，一般社団法人に寄付をすると，みなし譲渡所得税が発生し，その税額は，相続人が負担することになるので，その税額分を相続人にどのように負担してもらうのかということも考えておかなければいけないということを指摘されました。

　そこで，公正証書遺言を作成し，不動産を一般社団法人に寄付するとともに，その税額分について，相続財産として甥や姪に残す現預金の一部から甥や姪に負担してもらう遺言を残すことにしました。

1　本事例の遺言書の例

遺言書

第1条

　私は，私が有する以下の不動産を，一般社団法人○○に遺贈する。

　＜財産の表示＞

　………

第2条

　私は，私が所有する以下の財産を私の甥である×××と私の姪である◇◇◇に相続させる。

　＜財産の表示＞

　………

第3条

　私は，私の債務，本遺言の執行に関する費用及び第1条の遺贈に伴って発生する税金について，前記甥×××に負担させる。

2　税制上の取扱い

(1) 相続税の取扱い

今回の事例は，遺言による寄付であり，相続税法上の取扱いは現預金による寄付と同じです。寄付先に関わらず，原則として，寄付をした不動産には，相続税は課税されません。受けた側の法人も，一般社団法人が非営利型法人であれば，収益事業課税が適用され，寄付金は収益事業にはならないので，法人税の課税もありません。

ただし，寄付により相続税の負担が不当に減少する結果となると認められる場合には，法人を個人とみなして，相続税が課税されます。

また，後述するみなし譲渡所得税が課税される場合には，相続税の計算で債務控除の対象になります。

(2) 所得税の取扱い

①　みなし譲渡所得税

一般社団法人への寄付ですので，寄付金控除を受けることはできません。

寄付をする不動産に含み益がある場合には，みなし譲渡所得税が課されます。みなし譲渡所得税とは，個人がその有する資産を法人に贈与若しくは著しく低い価額で譲渡した場合に，その贈与又は譲渡があった時に，その時における時価で譲渡があったものとみなして所得税を課税するという制度です（所法59①）。

生前寄付あるいは遺贈寄付で，非営利団体に不動産や株式等を寄付する場合に，その寄付をした資産に含み益があると，みなし譲渡所得税が課税される場合があります。

みなし譲渡所得税が課税される税率は，所得税が15％（＋復興税0.315％），住民税が5％です。ただし，遺言による寄付であれば，住民税は，亡くなった年は課税されませんので，所得税の15.315％だけが課税されます。

　他に所得がなければ，所得控除（基礎控除や社会保険料控除，医療費控除等）を引いた金額に対して課税されます。

■　みなし譲渡所得税の概要

遺贈等の時の時価

譲渡したものとみなして含み益に課税

取得費相当額

ワンポイント
アドバイス

みなし譲渡所得税の納税義務者

　みなし譲渡所得税を負担するのは誰なのでしょうか？　寄付により利益を受けたのは，受遺団体ですから，受遺団体が納税義務を負うと考えがちですが，みなし譲渡所得税の納税義務者は寄付者になります。

　それでは，遺言による寄付の場合には，誰が納税義務者になるのでしょうか？　遺言による寄付では，寄付をした人は亡くなっています。

　みなし譲渡所得税は，被相続人の債務になりますが，被相続人の債務は，包括遺贈の場合には，包括遺贈により財産を引き継いだ人が，特定遺贈であれば，相続人が引き継ぐことになります（通則法5①）。

　包括遺贈で受遺団体が財産を取得した場合に，その財産を売却できればいいですが，売却できないとすると，その税額を受遺団体が負担しなければならず，その財源をどうするのか？　という問題があります。例えば，包括遺贈で被相続人の財産を全部譲渡するということも考えられますが，その場合には，みなし譲渡所得税を支払うことができる預貯金も寄付をしないと，受遺団体としても受けとることができません。

　また，特定遺贈の場合には，財産を取得していない相続人がみなし譲渡所得税の納税義務を負うことになります。財産を取得していない相続人が納税

義務を負うのは，心理的にも抵抗があるのではないでしょうか。例えば，遺言で，相続人には現預金でみなし譲渡所得税の負担分以上の現預金をしっかりと残して，遺言の付言事項などにその旨を記載するのがいいのではないでしょうか。

② みなし譲渡所得税の趣旨及び申告

みなし譲渡所得税の制度があるのは，相続，遺贈の時までのキャピタルゲインは，被相続人に帰属するものであるので，資産が被相続人から離れるときには，その時点でキャピタルゲインの清算をすべきであると考えるためです。みなし譲渡所得税の申告は，遺言による寄付の場合には，遺贈者（被相続人）の準確定申告で行うことになり，相続人による相続財産の寄付の場合には，相続人の確定申告で行うことになります。

③ みなし譲渡所得税等の非課税特例の不適用

みなし譲渡所得税については，一定の要件を満たしていることについて国税庁長官の認定を受けると，非課税になる制度があります（措法40）。それが，「公益法人等に財産を寄附した場合の譲渡所得等の非課税の特例」（以下「みなし譲渡所得税の非課税の特例」とします）です。ただし，非課税を受けるためには，受遺団体が，その資産を公益を目的とする事業の用に直接供する必要があります。

この事例でいうと，受け入れた不動産を，一般社団法人が公益を目的とする事業の用に直接供する必要があります。例えば，小規模作業所を運営する団体が，その不動産を作業所の用に供するとか，子ども食堂を運営する団体が，その不動産を子ども食堂として利用するなどであれば，非課税を受ける余地がありますが，そのような使い道がなく，法人の活動等は直接関連しない活動（今回の事例のように，一般の人への貸付）に使い，その収益金を活動の原資に充てていたり，不動産を売却して，その売却代金をその法人の活動に充てていたりするということですと，非課税の適用を受けることはでき

ません。これは，寄付先が，一定の公益法人等であっても同様です。

　今回の事例では，他の人に貸して，その賃貸料を団体の活動に充てるということですので，非課税規定は受けられず，含み益もありますので，みなし譲渡所得税が課税されます。

■　**租税特別措置法 40 条（みなし譲渡所得税の非課税規定）が受けられるか？**

寄付をした財産が受遺団体の公益を目的とした事業に直接使われている場合 受けられる可能性がある

寄付をした財産を受遺団体が売却した，あるいは，公益を目的とする事業に直接使われていない場合  受けられない

ワンポイント
アドバイス
非営利型一般社団法人と非営利型以外の一般社団法人

　一般社団法人には，非営利型一般社団法人と非営利型以外（「営利型」，「普通法人型」といわれることもあります）の一般社団法人があります（一般財団法人も同様です）。

　前者の法人は，NPO 法人などと同様に，法人税法において収益事業課税が適用されますが，後者の法人は，株式会社などと同様に全所得課税が適用されます。非営利型一般社団法人の場合には，寄付を受けた場合には，寄付金は法人税の課税対象になりませんが，非営利型以外の一般社団法人は，寄付金にも法人税が課税されます。

　非営利型一般社団法人は，さらに，「非営利徹底型一般社団法人」と，「共益活動型一般社団法人」に分かれます。公益的な活動を行う一般社団法人の大部分は，「非営利徹底型一般社団法人」になると思われます。

　「非営利徹底型一般社団法人」は，下記のすべての要件を満たしていなければいけません。

① 剰余金の分配を行わないことを定款に定めていること。

② 解散したときは，残余財産を国・地方公共団体や一定の公益的な団体に贈与することを定款に定めていること。

③ 上記①及び②の定款の定めに違反する行為（上記①，②及び下記④の要件に該当していた期間において，特定の個人又は団体に特別の利益を与えることを含みます）を行うことを決定し，又は行ったことがないこと。

④ 各理事について，理事とその理事の親族等である理事の合計数が，理事の総数の3分の1以下であること。

寄付先が非営利型一般社団法人であるか，非営利型以外の一般社団法人であるのかは，登記簿謄本には記載がなく，わかりません。定款や登記簿謄本の役員構成などを見ることで，ある程度判断はつきますが，一般社団法人に寄付をする場合には，寄付金に課税されない非営利型法人であるかどうかの確認をしたほうがいいでしょう。

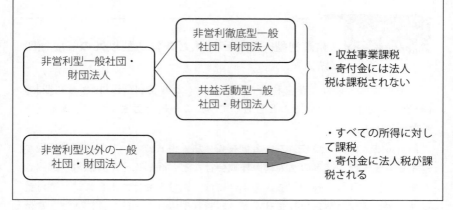

3　みなし譲渡所得税の計算

みなし譲渡所得税は，亡くなった時における寄付をした不動産の時価から取得費相当額を控除した金額に対して，15.315％が課税されます。

この場合の時価は，相続税評価額ではなく，その時点におけるその資産の

客観的交換価値とされています。

　現在の不動産の時価は 3,000 万円ということですが，課税されるのは，亡くなった時における時価です。その時の時価がいくらなのかはわかりませんが，時価が 3,000 万円として計算することにします。

　取得費はわかりませんが，取得費がわからないときは，時価の 5 ％相当額を取得費とすることができます。したがって，この事例ですと，3,000 万円× 5 ％＝ 150 万円を取得費とすることができます。

　そうすると，（3,000 万円－ 150 万円）× 15.315 ％＝ 4,364,700 円（100 円未満切捨て）の所得税が課税されます。

遺贈等の時の時価
（3,000万円）
課税所得金額
2,850万円
取得費相当　150万円

2,850万円×15.315%
＝4,364,700円

4　居住用財産の特別控除

　みなし譲渡の場合にも，要件を満たしていれば，居住用財産の特別控除の適用を受けることができます。居住用財産の特別控除は，マイホーム（居住用財産）を売ったときに，所有期間の長短に関係なく譲渡所得から最高 3,000 万円まで控除ができる特例です（措法 35）。

■　居住用財産の特別控除の適用要件

①　自分が住んでいる家屋を売るか，家屋とともにその敷地や借地権を売る

こと。なお，以前に住んでいた家屋や敷地等の場合には，住まなくなった日から3年を経過する日の属する年の12月31日までに売ること。

② 売った年の前年及び前々年にこの特例（「被相続人の居住用財産に係る譲渡所得の特別控除の特例」によりこの特例の適用を受けている場合を除く）又はマイホームの譲渡損失についての損益通算及び繰越控除の特例の適用を受けていないこと。

③ 売った年，その前年及び前々年にマイホームの買換えやマイホームの交換の特例の適用を受けていないこと。

④ 売った家屋や敷地等について，収用等の場合の特別控除など他の特例の適用を受けていないこと。

⑤ 災害によって滅失した家屋の場合は，その敷地を住まなくなった日から3年を経過する日の属する年の12月31日までに売ること。

⑥ 売手と買手が，親子や夫婦など特別な関係でないこと。

今回の事例では，和子さんが遺贈寄付をする不動産が，上記の要件を満たしている場合には，居住用不動産の3,000万円の特別控除を受けることができますので，課税所得金額は0円になり，みなし譲渡所得税は発生しません。

5 空き家の特別控除

居住用財産の特別控除は，相続で不動産を取得した相続人が寄付をするような場合には，相続人がその不動産に居住していない限りは適用がありません。その代わり，相続により空き家になった不動産を相続人が寄付した場合に，適用要件を満たしていれば，空き家の3,000万円の特別控除の適用を受けられます（措法35③）。

■　被相続人の居住用財産（空き家）を売ったときの特例の適用要件

① 適用期間
・相続日から起算して 3 年を経過する日の属する年の 12 月 31 日まで，かつ，特例の適用期間である 2016 年 4 月 1 日から 2023 年 12 月 31 日までに譲渡すること

② 相続した家屋に関する要件
・相続開始の直前において被相続人が 1 人で居住していたものであること（注）
・1981 年 5 月 31 日以前に建築された区分所有建築物以外の建物であること
・相続時から売却時まで，事業，貸付，居住の用に供されていないこと
・相続により土地及び家屋を取得すること

（注）2019 年 4 月 1 日以降の譲渡については，下記 2 つの要件を満たした場合も被相続人が相続開始の直前に居住していたものとして認められます。
（ⅰ）被相続人が介護保険法に規定する要介護・要支援認定を受け老人ホーム等に入所し，かつ，相続の開始の直前まで老人ホーム等に入所をしていたこと。
（ⅱ）被相続人が老人ホーム等に入所をした時から相続の開始の直前まで，その家屋について，その者による一定の使用がなされ，かつ，事業の用，貸付けの用又はその者以外の者の居住の用に供されていたことがないこと。

③ 譲渡する際の要件
・譲渡対価の額の合計額が 1 億円以下（共有で譲渡する場合には合計額が 1 億円以下）であること
・耐震リフォーム等により，譲渡時において耐震基準に適合することが証明された家屋の売却であること，又は相続人が家屋を取壊して売却すること

④ 他の特例との適用関係
・自己居住用財産の 3,000 万円特別控除又は自己居住用財産の買換え特例のいずれかとの併用が可能（同一年中に空き家の 3,000 万円特別控除と自己居住用財産の 3,000 万円特別控除とを併用する場合には，2 つの特例合わせ

て 3,000 万円が控除限度額となる）

・住宅ローン控除との併用が可能

・相続財産を譲渡した場合の相続税の取得費加算とは選択適用

コラム

　みなし譲渡所得税は，寄付をしたにも関わらず，寄付者が税額を納税しなければいけないという制度であり，寄付者や，寄付者の相続人からは受け入れがたい制度ではないでしょうか。英米などの諸外国には，このようなみなし譲渡所得税の制度はありません（カナダは相続税がない代わりに，みなし譲渡所得税の制度があります）。

　我が国では，昭和 25 年のシャウプ勧告を受けてみなし譲渡所得税の制度が創設され，その時は個人から個人への資産の贈与にもみなし譲渡所得税が課されていましたが，国民感情に配慮して，数年で廃止され，現在は個人から法人への贈与，遺贈，低額譲渡及び相続人への限定承認のときに限りみなし譲渡所得税が課税されています。

　非課税措置が拡充されてきているとはいえ，明らかな善意の寄付にもみなし譲渡所得税が課税され，現物寄付を促進するうえでの阻害の要因になっており，改善が求められています。

■　事例7の税制上の取扱い

```
<種　類>　　公正証書遺言で寄付
<相続人>　　甥，姪
<想　い>　　まちの名建築物を地域で利活用
<寄付先>　　地元の一般社団法人
<寄付金額>　自宅として利用している不動産，時価3,000万円
```

	相続税	所得税
時価3,000万円の自宅を遺言で一般社団法人へ寄付。売却せずに利活用して欲しい。	相続税の課税対象にならない。	準確定申告で含み益部分にみなし譲渡所得税が課税される。居住用財産の特別控除を受けられる。

事例7のポイント

・寄付を受けた不動産を受遺団体の公益目的事業の用に直接供することができないときは，みなし譲渡所得税の非課税特例は受けられず，含み益があるとみなし譲渡所得税が課される可能性がある。

・みなし譲渡所得税がどれくらいになりそうかをあらかじめ計算し，税額が出そうな場合には，誰がどのような形で税負担をするのかを考えておく必要がある。

・不動産が居住用財産の特別控除の対象になるものであれば，3,000万円の特別控除の適用がある。

・被相続人が相続財産から不動産を寄付する場合に，適用要件を満たしている場合には，空き家の3,000万円の特別控除を受けられる。

事例 8 不動産等を売却する予定で寄付する場合

幸子さん
80代女性

＜種　類＞	遺言で寄付
＜相続人＞	甥，姪
＜寄付先＞	夫がお世話になった病院を経営する社会福祉法人
＜寄付金額＞	夫から引き継いだ賃貸用不動産，時価5,000万円
＜想　い＞	がんと闘病していた夫への想い。お世話になった病院への感謝

　私は，2年前に夫に先立たれました。夫を亡くした後は，夫の遺族年金と夫が所有していた賃貸用不動産の家賃収入で生活してます。私には，子供はおりません。私は7人兄弟の末っ子で，兄や姉はすでに他界し，相続人は，兄や姉の子供たちとなり全部で10人以上います。

　私が持っている預貯金は，相続人に相続してもいいと思っていますが，賃貸用不動産はもともと夫が所有していたものであり，それを甥や姪に相続させることには抵抗があります。また，相続人が10人以上もいることを考えると，誰にその不動産を相続させるのがいいのか，難しいです。

　そこで，私は，夫から相続した賃貸用不動産は，夫の想いを汲んで，どこかの非営利団体に寄付をすることにしました。

　夫は7年前に大腸がんの宣告を受け，5年間の闘病生活を送りました。闘病生活は辛いものでしたが，治療に関わった病院では，先生や看護師の方々が親身になって下さり，とても心強かったです。私自身も，病院内のがん相談センターに何回も相談にのってもらい，病院には感謝の念に堪えません。

　病院を運営している社会福祉法人のホームページを見ると，患者環境や医療設備の整備，医療の発展に寄与する研究活動に充てるために，寄付を募っていました。そこで，その社会福祉法人に不動産を寄付して，これらの活動に充ててもらえないか，聞いてみたところ，不動産を売却して，その資金を

活動に使うという形でよければ，不動産の寄付を受け入れるということでした。そこで，その社会福祉法人に不動産の寄付をすることにしました。

　税理士から，不動産の寄付をする場合には，みなし譲渡所得税がかかるといわれました。不動産の現在の時価は 5,000 万円程度であり，土地の取得価額や建物の帳簿価額，譲渡費用などが 2,000 万円くらいあり，それを引くと，3,000 万円に課税されるといわれました。ただし，寄付をする先が社会福祉法人なので，寄付金控除が受けられると聞きました。

　自分が生きている間は，家賃収入が必要であるので，不動産の寄付は遺言で行うことにしました。みなし譲渡所得税を相続人が負担することになることは避けたいので，遺言で，みなし譲渡所得税などの税負担が生じた場合には社会福祉法人がその税額を負担する旨の記載をすることにしました。

1　本事例の遺言書の例

遺言書

第 1 条
　私は，私が有する以下の不動産を，社会福祉法人○○に遺贈する。
　＜財産の表示＞
　………

第 2 条
　私は，私が所有する以下の金融資産を私の相続人に法定相続分に応じて相続させる。
　＜財産の表示＞
　………

第 3 条
　私は，私が所有する第 1 条及び第 2 条に掲げる金融資産以外の資産及び第 4 条の税金以外の債務は，私の甥である×××に相続させる。

第 4 条

> 第1条の遺贈に伴う税金は，社会福祉法人○○が負担するものとする。

2　税制上の取扱い

（1）相続税の取扱い

　遺言による寄付であるので，相続税法上の取扱いは事例7と同じで，寄付により相続税の負担が不当に減少する結果となると認められない限りは，相続税は課税されません。

（2）所得税の取扱い

①　みなし譲渡所得税

　幸子さんが亡くなる時までに不動産の時価は変動している可能性はありますが，亡くなった時も現在と同じく，不動産の時価は5,000万円，取得費が2,000万円とすると，その差額の3,000万円について，譲渡したものとみなして，幸子さんの準確定申告時に，所得税が課税されます。

　寄付を受ける社会福祉法人が不動産を売却するので，みなし譲渡所得税の非課税特例の適用を受けることはできません。

②　寄付金控除

　この事例では，寄付先が社会福祉法人ですので，幸子さんの準確定申告で寄付金控除が受けられます。

　不動産の寄付も寄付金控除の対象になりますので，寄付をした不動産の時価相当額の5,000万円が寄付金控除の対象になります。ただし，寄付金控除は，総所得金額等の40％が限度になるため，全額を控除できるとは限りません。幸子さんが亡くなった年に他に所得がなかったとすれば，幸子さんの亡くなった年の総所得金額（5,000万円−2,000万円）である3,000万円の40％である1,200万円が，寄付金控除の限度ということになります。実際には，

そこから基礎控除額などの所得控除を引いた金額に課税がされます。

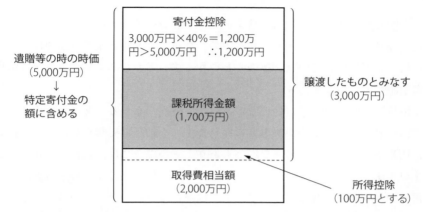

課税所得金額＝5,000万円（寄付をした不動産の時価）－ 2,000万円（取得費相当額）
　　　　　　　－1,200万円（寄付金控除）－100万円（所得控除）＝1,700万円

税額：1,700万円×15.315％＝2,603,500円 （100円未満切捨）

**ワンポイント
アドバイス**

　不動産を現物のまま遺贈された場合，受遺団体はそのまま利用せずに売却することが多いと思いますが，売主には契約不適合責任（構造物の腐食，土壌汚染，地下埋設物など契約の趣旨に適合しない場合に補償する規定）が生じます。売主と買主が合意して，契約不適合責任を免責する特約を売買契約に付すこともできますが，売主が法人（受遺団体）で買主が個人の場合は，消費者契約法により特約は無効となります。

　今回の事例では，売却後に契約に不適合の状況となった場合に，社会福祉法人は買主から補修請求や損害賠償請求等を受ける可能性があることになります。そこで，買主には一般個人ではなく事業者（いわゆる買取業者等）を対象として売却することにより，免責特約が有効となり，売主である受遺団体のリスクを軽減することができます。

3 清算型遺贈

　今回の事例では，賃貸用不動産を遺言で社会福祉法人に寄付をしたうえで，社会福祉法人が売却するというものでしたが，不動産を換価（売却）し，売却代金を寄付する旨の遺言を残すという方法も考えられます。これを「清算型遺贈」といいます。

　清算型遺贈では，遺言執行者が不動産等の売却をすることになるので，遺言執行者を誰にするのかが重要になります。不動産の売却や有価証券の換金が煩雑であったり，不可能な場合もあり，その場合には，執行は停止してしまいます。こうしたリスクを回避するために，信託銀行などの金融機関が遺言執行者となる場合には，清算型遺贈は受け付けないケースが多いようです。

　清算型遺贈の場合の譲渡所得税の取扱いについては，税法に明確な規定がありません。清算型遺贈では，被相続人の名義のままでは不動産を売却することができないため，一度相続人名義の相続登記を行う必要があります。しかし，相続人は何の利益も享受しておらず，相続人を譲渡所得税の納税義務者とすることには違和感があります。

　実質所得者課税（法法11）の考え方から，受遺団体（この事例の場合には社会福祉法人）を納税義務者と考えるのが一般的のようです。その場合でも，相続人の譲渡所得税を相続人に代わって受遺団体が納税すると考えれば，住民税は課税されますが，被相続人のみなし譲渡所得税を被相続人に代わって支払うと考えると死亡した年の所得となるため住民税は課税されません。税法の取扱いが明確にされることが望まれています。

　清算型遺贈で不動産等を売却した場合に譲渡所得税を納付していないと，登記上は相続人の名義になっており，受遺団体の名前は出てこないので，相続人に対して，税金の督促が来る場合があります。実際の納税は，遺言執行者が行い，税金を差し引いた金額を受遺団体に渡すケースと，遺言執行者が受遺団体に売却代金を渡して納税は受遺団体が行うケースがあるようです。どちらの場合も，事前に所轄の税務署と相談して，譲渡所得税の支払いは遺

言執行者や受遺団体が責任をもって行うので，相続人には確定申告書の送付はしないように伝えておく必要があります。

ワンポイント　アドバイス

受遺団体がみなし譲渡所得税を負担する際の注意点

受遺団体にとって，5,000万円の不動産を売却するので，260万円ほどの税額を売却金額から負担するのは抵抗もないでしょう。しかし，もし，遺言等に受遺団体が税額を負担する旨の記載がない場合には，本来，受遺団体は，みなし譲渡所得税額を負担する義務はなく，それを受遺団体が負担した場合には，相続人への特別の利益の供与とされてしまう可能性があり，公益法人として相応しくない行為とされかねません。したがって，受遺団体が税額を負担するのは難しくなります。また，税額を負担してもらった相続人についても，法人からの贈与とされ，一時所得が課税される可能性があります。みなし譲渡所得税が発生する可能性がある場合には，その税額を誰が，どのような形で負担するのかを明確にしておく必要があります。

コラム

みなし譲渡所得税が発生しない場合の
寄付金控除

今回の事例では，みなし譲渡所得税が発生する場合の寄付金控除の関係を説明しましたが，不動産や株式の時価よりも取得費相当額が高く，含み益がなければ，みなし譲渡所得税は発生しません。その場合でも，不動産や株式の寄付時の時価相当額で寄付金控除を受けることができます。

遺言による寄付であれば被相続人の準確定申告で，相続財産の寄付であれば，相続人の確定申告で寄付金控除を受けることで，所得税の還付を受けることができる可能性があります。

■ 事例8の税制上の取扱い

<種　類>　遺言で寄付
<相続人>　甥，姪
<想　い>　がんと闘病していた夫への想い。お世話になった病院への
　　　　　感謝
<寄付先>　夫がお世話になった病院を経営する社会福祉法人
<寄付金額>　夫から引き継いだ賃貸用不動産，時価5,000万円

	相続税	所得税
時価5,000万円の賃貸用不動産を遺言で社会福祉法人へ寄付。不動産は受遺団体が売却予定。	相続税の課税対象にならない。	準確定申告で，含み益部分にみなし譲渡所得税が課税される。みなし譲渡所得税分について寄付金控除が受けられる。

事例8のポイント

・寄付を受けた不動産や株式等を売却する場合は，みなし譲渡所得税の非課税特例が受けられず，含み益があると，みなし譲渡所得税が課される可能性がある。

・寄付先が一定の公益法人等である場合には，寄付金控除が受けられるが，寄付金控除の対象になる特定寄付金の額は，総所得金額の40％が限度。

・清算型遺贈にするということも考えられる。清算型遺贈の課税関係は明確でない。

・みなし譲渡所得税がどれくらいになるのかを計算し，税額が出そうな場合には，誰がどのような形で税負担をするのかを考えておく必要がある。

事例 9　みなし譲渡所得税の非課税特例（一般特例）を利用する場合

> <種類>　　　遺言で寄付
> <相続人>　　妻
> <想い>　　　父の地球環境に対する想い
> <寄付先>　　① 自分が妻よりも先に死んだ場合
> 　　　　　　　　父から引き継いだ上場株式を環境保全活動に取り
> 　　　　　　　　組んでいる認定 NPO 法人へ寄付
> 　　　　　　② 自分が妻よりも後に死んだ場合
> 　　　　　　　　相続人はいないので，全財産を公益法人や NPO 法
> 　　　　　　　　人などに寄付
> <寄付金額>　父から引き継いだ上場株式，全財産

浩さん
70 代男性

　私は，10 年前に父親から相続を受けました。

　父親から引き継いだ財産の中に，父親が勤めていた会社の株式がありました。父は，その会社に創設の時から関わっており，会社はその後上場して株式の価値はかなり多額になっていました。私は，父からの形見という思いもあり，その株式は売らずにずっと持ち続け，株式の配当金のおかげで，好きな旅行などに行くこともできました。

　私と現在の妻とは，再婚です。私には子供はいませんが，妻には前夫との間に 2 人の子供がいます。その子供とは会ったことがありません。私には兄弟はおらず，他に相続人はおりません。

　もし，自分が妻よりも先に死んだら，その財産はすべて妻が相続することになりますが，妻が死んだあとにその財産は前夫の子供たちに引き継がれると思うと，気が進みません。

　特に，父の形見としてもっている株式を前夫の子供が引き継ぐということには抵抗があります。

私の父が勤めていた会社は，食品素材メーカーで，地球環境問題に取り組んでいます。父は生前，東南アジアなどでの農園による森林破壊や泥炭地開発が地球環境に悪影響を与えていることに心を痛めていました。私自身も，最近の自然災害の多発が地球温暖化の原因であると考えており，父の会社が，地球環境問題に積極的に取り組んでいることを評価していました。

　そこで，私は以下の遺言を残すことを考えました。

【自分が妻よりも先に死んだ場合】
・父から引き継いだ株式は，環境保全活動に取り組んでいる公益法人や
　NPO法人などに寄付
・上記以外の財産を妻に引き継ぐ

【自分が妻よりも後に死んだ場合】
・相続人はいないので，全財産を公益法人やNPO法人などに寄付をする

　税理士に相談してみたところ，父から引き継いだ株式には含み益が多額にあることから，みなし譲渡所得税が課されることになるといわれました。

　売却して寄付をするという方法も考えられますが，自分が死ぬまでは株式は保有しておきたいですし，売却をした場合には，売却益に税金がかかってしまいます。ただし，その株式を寄付を受けた法人が売却せずに，保有し続け，その配当金を本来の活動に充てるのであれば，みなし譲渡所得税は非課税になるケースがあると聞きました。

　できることなら，株式は売却せずに，配当金を本来の活動に充てて欲しいと思います。そこで，税理士の方にお願いして，環境保全団体で，みなし譲渡所得税が非課税になりそうな団体を調べてもらい3つの候補を挙げてもらいました。

　その中から私は，1つの認定NPO法人を選びました。

1　本事例の遺言書の例

遺言書

第1条
　私は，私が所有する以下の株式を，特定非営利活動法人○○に遺贈する。
　＜財産の表示＞
　………
第2条
　私は，第1条に掲げる株式以外の一切の財産を，私の配偶者××に相続させる。
第3条
　私は，私の債務及び本遺言の執行に関する費用を前記配偶者××に負担させる。
第4条
　前記配偶者××が私に先立って死亡した場合には，前条までの記載に関わらず，以下のとおりとする。
　………

2　税制上の取扱い

（1）相続税の取扱い

　遺言による寄付であるので，寄付により相続税の負担が不当に減少する結果となると認められない限りは，相続税は課税されません。

（2）所得税の取扱い

　この事例では，寄付をする株式に含み益が多く，みなし譲渡所得税が課されます。寄付先が，一定の公益法人等である場合には，被相続人の準確定申告で寄付金控除を受けることが可能です。ただし，みなし譲渡所得税の非課

税特例を受けてみなし譲渡所得税が非課税になった部分には，寄付金控除の適用はありません。

　以下で，今回の事例に当て嵌めながら，みなし譲渡所得税の非課税特例について，詳しく見ていきます。

3　公益法人等に財産を寄附した場合の譲渡所得等の非課税の特例（みなし譲渡所得税の非課税特例）について

(1) 制度の概要

　個人が，土地，建物などの資産を法人に寄付した場合には，これらの資産は寄付時の時価で譲渡があったものとみなされ，これらの資産の取得時から寄付時までの値上がり益に対して所得税が課税されます。

　ただし，これらの資産を公益法人等に寄付した場合において，その寄付が教育又は科学の振興，文化の向上，社会福祉への貢献その他公益の増進に著しく寄与することなど一定の要件を満たすものとして国税庁長官の承認を受けたときは，みなし譲渡所得税は非課税とされます。これが租税特別措置法40条のみなし譲渡所得税の非課税特例です。

　今回の事例では，遺言による寄付なので，浩さんが亡くなったときに，株式を時価で譲渡があったものとみなされ，株式の値上がり益に所得税が課税されます。浩さんが所有する株式は，父から引き継いだものであり，父が会社の創業時から所有していた上場株式であるので，値上がり益は多額に出ると思われます。

　ただし，一定の要件を満たすものとして国税庁長官の承認を受ければその値上がり益は非課税になります。

　みなし譲渡所得税の非課税特例には，「一般特例」と「承認特例」の2つの制度がありますが，以下では「一般特例」について説明します。

（2）適用対象法人

非課税の対象になる公益法人等とは，以下の法人です。

> ・公益社団法人，公益財団法人
> ・特定一般法人（非営利徹底型の一般社団法人，一般財団法人）
> ・その他の公益を目的とする事業を行う法人（例えば，社会福祉法人，学校法人，更生保護法人，宗教法人や特定非営利活動法人など）

その寄付により，新たに公益法人等を設立する場合も可能です。

適用対象法人は，公益社団法人，公益財団法人や認定NPO法人などに限らず，非営利徹底型の一般社団法人・一般財団法人や認定を受けていないNPO法人，宗教法人でも適用を受けることが可能です。任意団体には適用はありません。

今回事例では，浩さんが寄付をしようとしている環境団体が，上記にある，公益社団法人，公益財団法人，非営利徹底型の一般社団法人，一般財団法人，特定非営利活動法人等であれば，非課税の特例を受けられる可能性があります。

寄付先が，非営利徹底型以外の一般社団法人・一般財団法人や任意団体であれば，非課税の特例を受けることはできません。

（3）承認要件

国税庁長官の承認を受けるためには，次のすべての要件（法人税法別表第一に掲げる独立行政法人，国立大学法人などに対する寄付である場合には次の「要件2」に掲げる要件のみ，承認特例の適用を受ける場合には別途定める要件）を満たす寄付であることが必要です。

> <要件1>　公益増進要件
>
> 　その寄付が，教育又は科学の振興，文化の向上，社会福祉への貢献その他公益の増進に著しく寄与すること。

　具体的には，以下のような要件を満たす必要があります（措法40条通達12）。

① 　公益目的事業の規模が一定以上であること
② 　公益の分配が特定の者に偏ることなく公平に与えられていること
③ 　公益目的活動による対価が事業の遂行上直接必要な経費と比較して過大でないこと
④ 　法令に違反する事実等がないこと

> <要件2>　事業供用要件
>
> 　寄付財産を寄付があった日から2年を経過する日までの期間内に受贈法人の公益目的事業の用に直接供する，又は供する見込みであること。

　寄付された財産そのものが公益目的事業の用に供される必要があります（措法40条通達13）。

　寄付財産が建物等の場合には，その建物を，今回の事例でいえば，環境保全活動を行う事務所に使うなど，公益目的事業に直接供している場合には事業供用要件を満たしますが，一般の人に賃貸し，その賃貸収入を公益目的事業の用に供している場合は，公益目的事業の用に直接供するものとされません。また，建物を売却し，その売却代金を公益目的事業の用に供している場合も，事業供用要件を満たしません。

　寄付財産が株式や著作権である場合には，その果実である配当金や著作権収入が公益目的事業の用に供されるかどうかで判断されます。ただし，株式であれば，配当金などの果実が毎年定期的に生じない場合には，事業供用要

件を満たしません。株式を売却し，その売却代金を公益目的事業の用に供している場合も，同様です。

■ **事業供用要件**

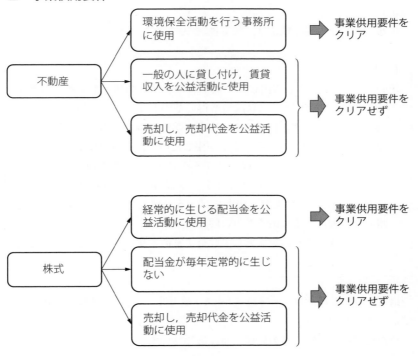

　今回の事例では，株式の寄付ですので，配当金が毎年定期的に生じるものであれば，その株式を受遺団体が売却せずに保有し，その配当金を活動に充てることで，公益を目的とする事業に直接供していると考えられ，＜要件2＞はクリアできます。

＜要件3＞　不当減少要件
　その寄付が寄付者又はその親族等の相続税，贈与税の負担を不当に減少する結果とならないと認められること。

　租税特別措置法40条は，寄付が負担付贈与（遺贈）の場合には適用があ
りません。

　みなし譲渡所得税の規定は，所得税法59条にあります。

【所得税法】

第59条　次に掲げる事由により居住者の有する山林（事業所得の基因
　　となるものを除く。）又は譲渡所得の基因となる資産の移転があつた
　　場合には，その者の山林所得の金額，譲渡所得の金額又は雑所得の金
　　額の計算については，その事由が生じた時に，その時における価額に
　　相当する金額により，これらの資産の譲渡があつたものとみなす。

一　贈与（法人に対するものに限る。）又は相続（限定承認に係るもの
　　に限る。）若しくは遺贈（法人に対するもの及び個人に対する包括遺
　　贈のうち限定承認に係るものに限る。）

二　著しく低い価額の対価として政令で定める額による譲渡（法人に対
　　するものに限る。）

　通常のみなし譲渡は，所得税法59条1項1号，そして，低額譲渡といわれ
ているものが同2号です。

　負担付贈与は，同2号の低額譲渡にあたります。

　そして，租税特別措置法40条は，以下のようにあります。

【租税特別措置法】

第40条　国又は地方公共団体に対し財産の贈与又は遺贈があつた場合
　　には，所得税法第59条第1項第1号の規定の適用については，当該
　　財産の贈与又は遺贈がなかつたものとみなす。

（以下省略）

　つまり，租税特別措置法40条の適用があるのは，所得税法59条1項1号
だけで，同2号の低額譲渡には適用がありませんので，負担付贈与の場合に

は，租税特別措置法40条の適用がありません。

　＜要件1＞や＜要件3＞をクリアすることができれば，みなし譲渡所得税の非課税特例の承認を受けられる可能性が高まります。

（4）国税庁長官による非課税承認の取消し

　国税庁長官の非課税承認を受けた寄付であっても，その後承認要件に該当しなくなった場合には，国税庁長官は，その承認を取り消すことができることとされています。

　取消しになるのは，以下のような場合です。

> ①　寄付財産を，寄付のあった日から2年以内にその法人の公益目的事業の用に直接供されなかった場合
> ②　寄付財産がその法人の公益目的事業の用に直接供しなくなった場合
> 　　例えば，寄付財産を譲渡してその譲渡代金を事業費に充当した場合，寄付された土地を有料駐車場用地として使用等した場合などが該当します。
> ③　寄付をした人及びその親族の所得税，相続税，贈与税の負担を不当に減少させる結果となると認められた場合

　寄付財産を公益目的事業の用に直接供する前に承認の取消しがあった場合には，寄付者に所得税が課税されます。

　寄付財産を公益目的事業に直接供した後に承認の取消しがあった場合には，法人を個人とみなして所得税が課税されます。

（5）みなし譲渡所得税等の非課税特例と寄付金控除の関係

　不動産や株式等の現物資産の寄付であっても，寄付先が一定の公益法人等である場合には，寄付金控除が適用されます。その場合に，寄付金控除の対象になる特定寄付金の額は，不動産や株式等の現物資産の寄付をしたときの時価になります。ただし，みなし譲渡所得税等の非課税特例の適用を受けている場合には，非課税を受けた部分については寄付金控除の適用はありませ

ん。しかし，取得費相当額は，寄付金控除の対象になります（措法40⑲）。

■ 租税特別措置法40条を適用した場合の寄付金控除

　今回の事例において，取得費は時価の5％であるとした場合で，みなし譲渡所得税等の非課税特例を受けることができたときには，寄付先が一定の公益法人等であれば，95％部分は非課税，5％部分は，寄付金控除を受けることができます。

（6）承認を受けるための手続き

　国税庁長官の承認を受けようとする人は，寄付の日から4か月以内（ただし寄付が11月16日から12月31日までの間に行われた場合は，寄付をした年分の所得税の確定申告書の提出期限まで）に，寄付をした人の所得税の納税地の所轄税務署長に，「租税特別措置法第40条の規定による承認申請書」を提出しなければなりません。

　遺言による寄付の場合には，寄付をした人の相続人又は包括受遺者が申請書を提出します。

　今回の事例では，浩さんの奥様がご健在であれば，奥様が相続人となり申請書を提出します。奥様が先に亡くなっていれば，包括受遺者である受遺団体が申請書を提出します。

ワンポイント　アドバイス

承認申請書の一般特例用と承認特例用

　承認申請書には，「一般特例用」と「承認特例用」があります。「承認特例用」は，寄付先である認定NPO法人が，所轄庁の証明を受けた基金を設置していなければ，申請をすることができません。「承認特例用」で申請する場合には，承認申請書の提出日から3か月（株式等以外であれば1か月）以内に国税庁長官の非課税承認又は不承認の決定がなければ，自動的に承認があったものとみなされ，非常にスピーディーに承認を受けることができます。

　所轄庁の証明を受けた基金を設置している受遺団体はまだ数は少ないですが，徐々に増えてきています。承認特例の詳細については，次の事例10をご参照ください。

コラム

　この事例では，妻が先に亡くなった場合に，浩さんには相続人がいなくなります。相続人がおらず，遺言もない財産は，家庭裁判所が相当と認める特別縁故者に対して分与される分を除き，最終的には国庫に帰属されます。

　相続人不在で国が相続した遺産の金額は，右肩上がりで増加しており，2009年には180億円であったものが2019年には628億と3.5倍近く増加しています。

　相続人がいない場合に，財産を国庫に帰属させるのではなく，自分で財産の帰属先を選ぶのであれば，遺言を作成しておく必要があります。

■ 事例9の税制上の取扱い

<種　類> 　遺言で寄付
<相続人> 　妻
<想　い> 　父の地球環境に対する想い
<寄付先> 　① 　自分が妻よりも先に死んだ場合
　　　　　　　父から引き継いだ上場株式を環境保全活動に取り組んで
　　　　　　　いる認定NPO法人へ寄付
　　　　　② 　自分が妻よりも後に死んだ場合
　　　　　　　相続人はいないので，全財産を公益法人やNPO法人な
　　　　　　　どに寄付
<寄付金額> 　父から引き継いだ上場株式，全財産

	相続税	所得税
父から引き継いだ株式を認定NPO法人へ寄付。株式は売却せずに受遺団体が持ち続ける。	相続税の課税対象にならない。	みなし譲渡所得税の非課税特例の承認を受けた場合には，みなし譲渡所得税が非課税になる。取得費相当額は寄付金控除の対象になる。

事例9のポイント

・株式等を寄付する場合には，その株式等を売却せずに配当金等を本来の活動に充てれば，みなし譲渡所得税の非課税特例が受けられる可能性がある。
・株式等を寄付する場合で，含み益が多いときには，みなし譲渡所得税の非課税特例が受けられるメリットは大きい。
・相続人がいない場合には，遺言がなければ，自分の財産は最終的には国庫に帰属することになる。自分の財産の帰属先を決めるのであれば，遺言が必要。

事例 10　承認特例及び特定買換資産の特例を使う場合

健一さん
50代男性

＜種　類＞	父から相続した別荘を寄付
＜想　い＞	父が母校を卒業したことを誇りにしていたこと
＜寄付先＞	父の母校の大学
＜寄付金額＞	別荘（経済的な価値のあるもの）

　私の父が亡くなり，遺産分割協議の結果，私は父が所有していた別荘を引き継ぐことになりました。しかし，別荘は，私が子供のころに何度か行ったことがあるきりで，何十年も利用しておらず，私も兄弟も，今後利用することは考えにくい状態です。

　別荘は，人気の避暑地にあり，経済的な価値もあるものなので，売却しようかとも思いましたが，売却する手続きも面倒ですし，そのまま持っていると，相続税も課税されてしまいます。

　税理士に相談してみたところ，別荘を公益法人などに相続税の申告期限までに寄付をすれば，別荘に係る相続税が非課税になると聞いたので，検討してみることにしました。ただし，別荘には含み益があるので，寄付をする場合には，みなし譲渡所得税が課税されるとも聞きました。寄付をして課税されるのは避けたいので，どうしようか考えていると，一定の要件を満たすと，みなし譲渡所得税等が非課税になる規定があるといいます。

　いろいろ調べたところ，父の母校である大学が基金を設定し，不動産や株式の寄付を募集していました。大学に問い合わせをし，別荘の内容について詳しく話してみたところ，後日連絡が来て基金として受入れができる旨の連絡がありました。大学の説明では，別荘を大学で設定している基金で受け入れ，それを株式等に買い換えて配当金を大学の活動に充てるということでした。その方法だとみなし譲渡所得税が非課税になり，非課税の申請をして承

認されるまでの期間が短縮される制度も使うことができると聞きました。

　父は生前から母校を卒業したことを誇りにしており，大学の同窓会などへも積極的に参加していたので，父から相続した別荘が，父の母校である大学の役に立つのであれば，父も喜んでくれるのではないかと思い，相続税の申告期限までに寄付をすることにしました。

1　税制上の取扱い

(1) 相続税の取扱い

　この事例は，相続財産を寄付する場合です。事例にもあるように，相続で取得した財産は原則として相続税が課税されます。ただし，相続税の申告期限までに相続又は遺贈により取得した財産を一定の公益法人等に寄付をした場合には，非課税になります。

(2) 所得税の取扱い

　この事例は相続人による寄付ですので，寄付先が一定の公益法人等である場合には，相続人の確定申告で寄付金控除を受けることができます。みなし譲渡所得税等の非課税特例を受ける場合には，取得費相当額が寄付金控除の対象となる特定寄付金の額になります。

　また，寄付をした別荘に含み益がある場合には，寄付をした相続人にみなし譲渡所得税等が課税されます。ただし，一定の要件を満たしている場合には，みなし譲渡所得税等の非課税特例を受けることができます。

　この特例は，その寄付を受けた財産を受遺団体が直接公益目的事業の用に供する必要があります。株式，著作権などのようにその財産の性質上その財産を公益目的事業の用に直接供することができないものは，各年の配当金，印税収入などその財産から生ずる果実の全部が公益目的事業の用に供されるかどうかによって判定して差し支えありません。しかし，不動産等の場合に

は，建物を賃貸の用に供し，その賃貸に係る収入を公益目的事業の用に供するときは，公益目的事業の用に直接供するとはされません。また，寄付を受けた資産を買い換える場合には，2年以上，公益目的事業の用に直接供した後に同種の資産に買い換え，1年以内に公益目的事業の用に直接供する場合のみ，引き続き非課税措置の適用ができました（買換特例）。

　したがって，従来は，この別荘を，寄付をした公益法人等がその公益法人の活動に使う用途がなければ，みなし譲渡所得税等の非課税特例を適用することができませんでした。

　しかし，平成30年度税制改正（認定NPO法人は令和2年度税制改正）で，みなし譲渡所得税等の非課税特例の拡充が行われ，一定の公益法人等については，みなし譲渡所得税等の非課税特例の対象となる資産を一定の「基金」に組み入れて管理し，その後買い換えた資産をその基金の中で管理する等の一定の要件を満たす場合には，引き続き非課税措置の適用を受けることができることになりました。

　また，寄付した人がその法人の役員等に該当しないことなど一定の要件を満たす場合には，承認申請書の提出から1か月以内（寄付財産が株式等の場合は3か月以内）に国税庁長官の承認又は不承認の決定がなかったときは，その承認があったものとされることになりました。

■　承認特例

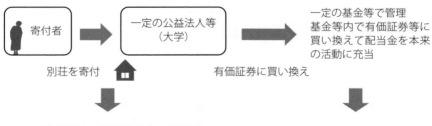

不動産の寄付は売却可能なものを

　今回の事例では，別荘は，経済的な価値のあるものでしたが，実際に公益法人等に寄付の申出を受けたときに，受ける公益法人等にとっては，その資産の売却が可能かどうか，判断に迷うケースもあります。寄付を受けた資産を本来の活動に使う用途がなければ，売却しない限りは本来の活動に充てることはできず，公益法人等としても，寄付を受けた資産が確実に売却できるという確証がないと，寄付を受けることは難しいわけです。

　このようなニーズに応えるために，全国レガシーギフト協会は，協会の会員及びレガシーパートナー・サポーター限定で，全国規模で事業展開している不動産会社の協力を得て，不動産の遺贈寄付に関する情報を協会が取りまとめて不動産会社に取り次ぐことで，受遺団体が無料で不動産の査定を受けることができることになっています。

　非課税特例の拡充の内容は2つあり，1つ目は一定の要件を満たす公益法人等に対する現物資産の寄付について非課税措置における承認手続に係る特例（承認特例），2つ目は「特定買換資産の特例」です。

　以下で，承認特例と特定買換資産の特例の内容と手続きを紹介します。以下で紹介する手続きは，基本的に受遺団体で行うことです（一部寄付者の手続きも含まれます）。

2　承認特例

(1) 制度の概要

　行政庁の証明を受けた「基金」の中で寄付資産を管理する等の一定の要件を満たす場合には，承認申請書の提出から1か月以内（寄付財産が株式等の場合は3か月以内）に国税庁長官の承認又は不承認の決定がなかったときは，その承認があったものとみなされ非課税となる制度です。

　みなし譲渡所得税等の非課税特例を受けるためには 2〜3 年の期間がかかることもあるといわれ，そのことが申請のネックになっているともいわれていました。そこで，一定の要件を満たしている場合には，短期間で承認が受けられる制度として承認特例の制度ができました。

　また，「基金」の中で管理する資産については，資産の構成を組み替えること（例：土地→有価証券の買換え）が柔軟にできることになりました。

（2）対象となる法人

　この特例の対象となる法人は，国立大学法人等，公益社団法人，公益財団法人，一定の学校法人又は社会福祉法人，認定 NPO 法人です。

　非営利徹底型一般社団法人，一般財団法人や認定を受けていない NPO 法人は，租税特別措置法 40 条の一般特例の対象にはなりますが，承認特例や，特定買換資産の特例は受けることができません。

（3）承認要件

①　寄付した人が寄付を受けた法人等の役員等及び社員並びにこれらの人の親族等に該当しないこと

②　寄付財産について，寄付を受けた法人において，一定の基金に組み入れる方法により管理されていること（法人の種類によって，管理方法は異なってきます）

③　寄付を受けた法人等の理事会等において寄付の申出を受けること及び上記②の基金等に組入れが決定されていること

■ 一般特例と承認特例の違い

制度の種類	一般特例	承認特例
対象となる法人	公益社団法人，公益財団法人，特定一般法人，その他の公益を目的とする事業を行う法人（例えば，社会福祉法人，学校法人，宗教法人や NPO 法人など）	公益法人等のうち，国立大学法人等，公益社団法人，公益財団法人，学校法人，社会福祉法人及び認定NPO 法人等
承認要件（概要）	次の要件をすべて満たすこと 1　寄附が公益の増進に著しく寄与すること 2　寄附財産が，寄附日から2年を経過する日までの期間内に寄附を受けた公益法人等の公益目的事業の用に直接供され，又は供される見込みであること 3　寄附により，寄附をした人の所得税又は寄附をした人の親族等の相続税や贈与税の負担を不当に減少させる結果とならないと認められること	次の要件をすべて満たすこと 1　寄附をした人が寄附を受けた法人の役員等及び社員並びにこれらの人の親族等に該当しないこと 2　寄附財産について，一定の基金若しくは基本金に組み入れる方法により管理されていること又は不可欠特定財産に係る必要な事項が定款で定められていること 3　寄附を受けた法人の理事会等において，寄附の申出を受け入れること及び上記2の組入れ又は不可欠特定財産とすることが決定されていること
自動承認	なし	あり

（「公益法人等に財産を寄付した場合における譲渡所得等の非課税の特例のあらまし」より作成（国税庁 HP））

3　特定買換資産の特例

（1）制度の概要

　財産の寄付について，一般特例の承認要件を満たすものとして国税庁長官の承認を受けた後，その寄付を受けた一定の公益法人等がその寄付財産を譲渡し，買換資産を取得する場合で，一定の要件を満たすときは，その非課税承認を継続することができる特例です。

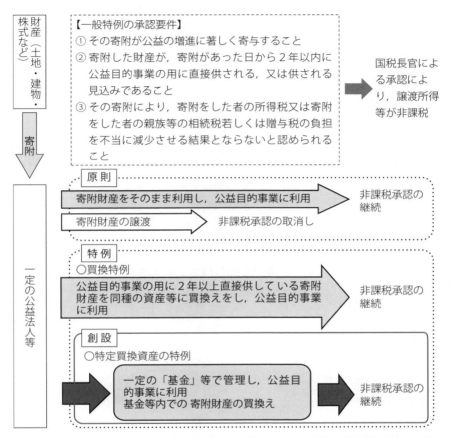

（2018年4月1日施行「公益法人等に財産を寄与した場合の譲渡所得等の非課税の特例」の税制改正のあらまし」より作成）（国税庁HP）

（2）適用要件

① 寄付財産の譲渡及び管理方法

　次の法人の区分に応じて，それぞれに掲げる方法により管理している寄付財産を譲渡したこと。

（ⅰ）国立大学法人等・公益社団法人・公益財団法人，認定 NPO 法人の場合

一定の公益目的事業あるいは特定非営利活動に充てるための基金に組み入れる方法（基金が公益目的事業等に充てられることが確実であることなどの一定の要件を満たすことについて，寄付を受けた法人が所轄庁の証明を受けたものに限る）

（ⅱ）学校法人（学校法人会計基準に従い会計処理を行う一定のものに限る）・社会福祉法人の場合

寄付を受けた法人の財政基盤又は経営基盤の強化を図るために，学校法人会計基準30条1項1号から3号までに掲げる金額に相当する金額又は社会福祉法人会計基準6条1項に規定する金額を基本金に組み入れる方法

② 買換資産の取得

上記①の譲渡による収入金額の全部に相当する金額をもって買換資産を取得し，これを上記①の方法で管理すること。

③ 税務署への届出書の提出

非課税承認に係る公益法人等が，上記①の譲渡の日の前日までに，寄付財産の上記①の管理方法などの一定の事項を記載した届出書及び譲渡財産が上記①の方法で管理されたことを確認できる書類の写しを所轄税務署長に提出すること。

(注) 届出書が期限までに提出されない場合には，非課税承認の取消事由に該当します。

4　今回の事例

今回の事例では，健一さんは，寄付先である大学の役員や社員等ではありませんので，承認特例で申請することができます。一般特例，承認特例を問わず，みなし譲渡所得税の非課税特例の適用を受ける場合には，寄付を受け

た別荘を収益目的で貸し付け，その賃貸収入を公益法人等の事業に充てることは認められません。貸し付けた時点で，寄付を受けた別荘を公益目的事業以外に充てることになるためです。一方，例えば，寄付を受けた別荘を有価証券等に買い換え，その運用益を公益目的事業に充てるため基金に組み入れることは可能です。有価証券等については，不動産等と異なり，公益目的事業以外に充てていないためです。したがって，別荘を受遺団体が設定した基金に組み入れたうえで，収益目的で貸し付けることはせずに有価証券等に買い換え，その運用益を活動に充てる場合には，みなし譲渡所得税等の非課税特例の適用を受けることが可能になります。

　ただし，この適用を受けることができるのは，受遺団体が，この特例を受けるための基金を設定している場合です。この特例を受けるためには，受遺団体が一定の要件を満たす基金を設定し，行政庁に申請をして基金の証明書の交付を受ける必要があります。

■　非課税特例の適用の有無

（前提）　一定の公益法人等が行政から証明を受けた基金を設定して，基金内で資産を管理

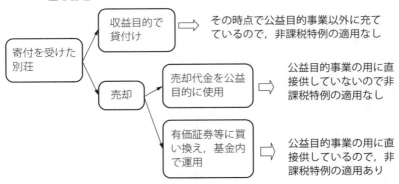

165

特定買換資産の特例を利用する場合

　承認特例は,「寄付者が寄付を受けた法人の役員等及び社員並びにこれら
の者の親族等に該当しないこと」が必要ですが,特定買換資産の特例にはこ
のような要件はありません。役員等から寄付を受けた資産であっても,一般
特例で非課税の承認を受け,その後所轄庁の証明を受けた基金に組み入れた
上で買換えをすることで,非課税承認の継続をすることができます。

5　承認特例及び特定買換資産の特例を受けるための基金の設定

　承認特例を受ける場合には財産の寄付を受ける前に,特定買換資産の特例
を受ける場合には資産を譲渡する前に,受遺団体側で,基金を設置して所轄
庁の証明を受ける必要があります。具体的な手続きについて,認定 NPO 法
人が承認特例を受ける場合を,見ていくことにします。

(1)　認定 NPO 法人等が基金の設置を行って所轄庁の証明を受ける

　寄付者が承認特例の適用を受けるためには,財産の寄付を受ける前に,認
定 NPO 法人等において一定の要件を満たした基金を設置し,所轄庁からそ
の要件の確認をした証明を受ける必要があります。

　所轄庁に認定 NPO 法人等が基金証明を受けるための申請をするにあたっ
ては,証明申請書とともに一定の要件を規定した基金規程(基金明細書の様
式を含みます)等を提出することとなります。

　なお,現在既に認定 NPO 法人等が何らかの基金を設置している場合,そ
の証明を受けるにあたっては,現在の基金規程を告示に定める要件を満たす
ように改正し申請することで,証明を受けることができます(169 頁①②)。

【基金の証明申請にあたっての提出書類】
・証明申請書
・基金規程（基金明細書の様式を含む）
・合議制の機関の名簿

(2) 認定 NPO 法人等から寄付者への書類の交付

　所轄庁の証明を受けた基金を有する認定 NPO 法人等に対し，個人から現物資産の寄付の申出があった場合，認定 NPO 法人等の合議制の機関において寄付の申出の受入れの可否を判断し，基金への組入れを決定することとなります。

　基金への組入れを決定した場合は，その認定 NPO 法人等は，「法人の定款」，「所轄庁からの基金の証明書の写し」，「寄付の申出を受け入れること及び寄付資産の基金への組入れの決定を行った合議制の機関の議事録の写し」並びに「寄付者が役員等及び社員並びにこれらの者の親族等に該当しないことを確認した旨の証明書」等を寄付者に交付します。

　なお，寄付資産の受入れにあたっては，受け入れた認定 NPO 法人等が寄付資産を他の資産に買い換える場合があること，一定の事由に該当することが判明した場合には，その寄付資産に関する非課税承認が取り消され，寄付者又は認定 NPO 法人等に課税される可能性があること等について，寄付者に対してあらかじめ十分に説明し，理解を得ておく必要があります（169頁③④）。

(3) 寄付者が行う承認申請の手続き

　寄付者は，認定 NPO 法人等に現物資産を寄付した後，租税特別措置法40条の規定による承認申請書に，認定 NPO 法人等から交付された書類及びその他の添付書類を添付し，寄付者の所轄税務署を経由し国税庁長官に対して，その寄付資産について，非課税承認の申請を行います。（169頁⑤）

（4）寄付者及び認定 NPO 法人等が行う非課税承認後の手続き

認定 NPO 法人等は，寄付を受けた日の属する事業年度終了後 3 か月以内に，その年度の基金の状況を明らかにした基金明細書を所轄庁に提出するとともに，その基金明細書の写しを寄付者に交付し，この交付を受けた寄付者は所轄税務署にその基金明細書の写しを提出する必要があります（169 頁⑥⑦）。

6　非課税の取消し

非課税措置の適用を受けた後において一定の事由に該当することが判明した場合には，その寄付資産に関する非課税承認が取り消され，その取り消された年分等の所得として，寄付者又は認定 NPO 法人等に課税されることがあります。

これらの特例の適用後に，例えば，認定 NPO 法人の認定が取り消された場合や認定の更新が行われずに認定が失効した場合などは，その時点で NPO 法人に課税されることがあります。

■ 制度の運用イメージ

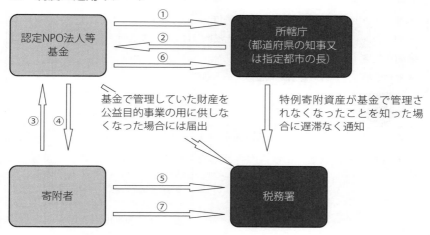

① 基金の証明申請
　・区分経理（告示で規定）
　・各法人の特定非営利活動に係る事業に充てられること
　・基金管理のための合議制の機関の設置
　・事業年度終了後 3 か月以内に基金明細書の提出　等
② 基金証明書の交付
③ 寄附の申出
　・寄附者が寄附先の法人の役員等に該当しない旨の誓約書
④ 関係書類の交付
　・法人の定款等
　・所轄庁の証明書の写し
　・合議制の機関での基金に組み入れる旨の議事録
　・寄附者が役員等に該当しないことの証明書　等
⑤ 寄附後 4 か月以内に申請
　（注）1 か月又は 3 か月以内に承認又は不承認がない場合は自動承認
　・申請書
　・認定 NPO 法人等から受け取った資料
⑥ 事業年度終了後 3 か月以内に基金明細書を提出
⑦ 事業年度終了後 3 か月以内に基金明細書の写しを提出

（内閣府「認定 NPO 法人等に対する個人からの現物資産寄附のみなし譲渡所得税
非課税承認証明申請等の手引き」5 頁より作成）

■ 事例 10 の税制上の取扱い

<種　類>　　父から相続した別荘を寄付
<想　い>　　父が母校を卒業したことを誇りにしていたこと
<寄付先>　　父の母校の大学
<寄付金額>　別荘（経済的な価値のあるもの）

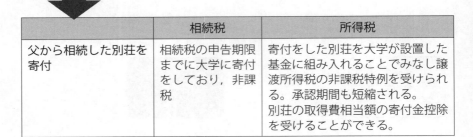

	相続税	所得税
父から相続した別荘を寄付	相続税の申告期限までに大学に寄付をしており，非課税	寄付をした別荘を大学が設置した基金に組み入れることでみなし譲渡所得税の非課税特例を受けられる。承認期間も短縮される。 別荘の取得費相当額の寄付金控除を受けることができる。

事例 10 のポイント

・受遺団体が公益目的事業に直接供することが難しい不動産等を寄付する場合には，通常は，みなし譲渡所得税の非課税特例を受けられないが，一定の基金を設定している法人に寄付をすることで，非課税特例を受けられる可能性がある。
・承認特例で申請する場合にはみなし譲渡所得税の非課税特例の承認を受ける期間が短縮される。

第 5 節　財団法人を設立する場合

事例 11　財団法人を設立する場合

由美子さん
70 代女性

＜種　類＞	生前に一般財団法人を設立，遺言で財産の一部を一般財団法人へ寄付
＜想　い＞	女手ひとつで育ててくれた母への想い。娘にも意思を継がせたい
＜寄付先＞	シングルマザー家庭を支援する一般財団法人
＜寄付金額＞	設立時に 1,000 万円。自分が死んだときは，財産の一部を寄付

　私は，幼いころに父を亡くし，母が女手ひとつで私と妹の 2 人を育ててくれました。私は，大学に行くことができましたが，妹が大学に通える学費はありませんでした。母は 20 年以上前に亡くなっていますが，生活が大変ななか，大学にまで行かせてくれた母には，今でも感謝の念が尽きません。そして，妹には自分だけ大学に行かせてもらい，申し訳ないという気持ちがありました。

　私は 30 代で起業し，事業は拡大していき，70 歳を過ぎて，後継者も決まり，役員を退任しました。会社の株式も売却することができ，まとまった資金が入ってきました。せっかく得た資金を有効に活用したいという思いと，相続税の対策も必要だと思い始めました。その時に，新聞で，著名な建築家が財団法人を設立し，建築学を選考する学生に奨学金を出しているという記事を読み，自分も，財団法人を作って奨学金を支給するということができないか，と考えるようになりました。

　最近，子どもの貧困問題ということをよく聞きますが，貧困家庭の多くがシングルマザー世帯であるそうです。私自身も，シングルマザー世帯として

過ごし，母親の苦労を間近で見てきたので，その苦労はよく理解できます。そこで，シングルマザー世帯を対象にして，返済不要の奨学金を支給する財団法人を設立することを考えました。娘と妹にも話をしたところ，賛同してくれ，娘は財団法人の運営の手伝いをしたいと言ってくれました。

税理士に相談したところ，一般財団法人の設立は難しくないが，相続税の租税回避行為とみなされないように注意点がいくつかあることと，公益財団法人になるのはかなりの事務作業が必要であるといわれました。

一般財団法人は300万円から設立できるということでしたが，300万円では，あっという間になくなりそうなので，まずは1,000万円で一般財団法人を設立し，徐々に資金を入れていこうと思います。自分が死んだときは，自分の財産のうち，遺留分を侵害しない範囲で，財団法人に寄付する遺言を残すこととしました。財団法人の理事長には自分が就任し，自分が死んだ後には，娘に引き継いでもらいたいと思っています。

1　税制上の取扱い

この事例は，生前に財団法人を設立し，ご自身が亡くなったときに遺言で財団法人に寄付をする例です。

生前に財団法人を設立したときと，遺言で寄付をしたときのそれぞれに分けて税制上の取扱いを見ていきます。

(1) 生前に財団法人を設立したとき

①　贈与税の取扱い

一般財団法人への生前の寄付なので，相続税は直接関係がありませんが，寄付をすることで，由美子さんの相続財産が減ることになります。この一般財団法人に寄付をしたという行為が，贈与税又は相続税の負担を不当に減少する結果となると認められる場合には，一般財団法人を個人とみなして，一般財団法人に贈与税又は相続税が課税されることがあります。

　このような不当減少とされないようにするためには，一般財団法人を設立する際に注意しなければいけないことがあります。これは後述します。

② 所得税の取扱い

　一般財団法人への寄付ですので，由美子さんは，寄付をした金額について寄付金控除はありません。もし，設立した一般財団法人が，その後に公益財団法人になり，再度公益財団法人に寄付をする場合には，公益財団法人になってからの寄付について，由美子さんは寄付金控除を受けることができます。

③ 一般財団法人の法人税の取扱い

　一般財団法人には，「非営利型一般財団法人」と「非営利型以外の一般財団法人」があります。「非営利型一般財団法人」であれば，法人税法上収益事業課税が適用され，収益事業課税の場合には，受取寄付金には課税されませんので，由美子さんから寄付を受けた1,000万円に法人税は課税されません。しかし，「非営利型以外の一般財団法人」に該当すると，株式会社と同様に全所得課税が適用されますので，由美子さんから寄付を受けた1,000万円に法人税が課税されます。

ワンポイント
アドバイス
非営利型の一般財団法人として設立

　一般財団法人を設立するためには，最低でも300万円以上の拠出金が必要です。この拠出金は，対価性のない資金ですが，株式会社の資本金とは違い，法人税法上は寄付金と同じ扱いになります。したがって，もし非営利型以外の一般財団法人で設立をすると，この拠出金に課税されることになってしまいます。

　一般財団法人として設立する場合には，非営利型一般財団法人にすることが必須と思われます。なお，非営利型一般財団法人には「非営利徹底型一般財団法人」と「共益活動型一般財団法人」がありますが，いずれも，「各理事

について，理事とその理事の親族等である理事の合計数が，理事の総数の３分の１以下であること」という要件があるため，理事は３名以上で，かつ，親族等が３分の１以下であることが必要です。

　この事例では，由美子さんは，理事長に就任するので，非営利型一般財団法人にするためには，理事を３名以上にし，他の理事は親族関係にない人をお願いする必要があります。娘さんも理事になる場合には，理事を６名以上にする必要があります。また，この後述べる相続税法施行令 33 条３項の要件を満たすためには，理事は６名以上，監事は２名以上，評議員は６名以上にする必要があります。

(2) 亡くなったとき

① 相続税

　遺言での寄付ですので，設立した法人が一般財団法人のままである場合も，公益財団法人になっている場合でも，相続税はかかりません。ただし，相続税の負担を不当減少する結果となると認められる場合には，財団法人を個人とみなして，相続税が課税されます。

② 所得税

　亡くなった時に一般財団法人のままであれば，寄付金控除の適用はありません。公益財団法人になっていれば，由美子さんの準確定申告で，寄付金控除を受けることができます。

コラム　　**一般財団法人のままか，公益財団法人を目指すか**

　財団法人として設立した場合，一般財団法人のままでいるか，あるいは公益財団法人を目指すのか，というのは迷うところです。一般財団法人のままであったとしても，生前に寄付をした財産はもちろん，遺言で寄付をした部分についても，相続税の対象になりません。また，今回の事例のように奨学

金の支給であれば，一般財団法人であっても，非営利型法人であれば奨学金を支給する事業は収益事業にはならず，法人税は課税されません。そうすると，公益財団法人になるメリットは何でしょうか？　以下の3点が考えられます。

①　公益財団法人になると，寄付金控除があるため，公益財団法人になった後に由美子さんが寄付をする金額に，由美子さんが寄付金控除を受けることができる。

②　もし，由美子さん以外の人や企業から財団法人が寄付を受けるのであれば，公益財団法人であることで寄付金控除や法人税の寄付金損金算入枠が拡大されるなどのメリットがあるため，寄付を集めやすくなる。

③　財団法人が，有価証券等を所有する場合に，配当金や利息等に係る源泉所得税が，公益財団法人だと非課税になる。

逆にいえば，生前の寄付はそれほど多額に行う予定はなく，他の人や企業から寄付を集めるなどは考えておらず，有価証券等を所有しないのであれば，公益財団法人になるための手間や，なった後の運営コスト等を考えると，あえて公益財団法人は目指さずに，一般財団法人のままでいるということも考えられます。

2　一般財団法人設立にあたっての注意点

今回の事例は，一般財団法人を設立し，その一般財団法人に設立者が生前寄付及び遺贈寄付をするというパターンです。寄付をすることで，寄付をした財団が設立者の相続税の対象から外れますが，この寄付をしたという行為が，不当減少とされないように気を付ける必要があります。

相続税法施行令33条3項では，不当減少にならないための要件が定められています。この要件を満たしていれば，租税回避行為とされません。もし，この要件のいずれかを満たしていない場合には，不当減少に該当するかどうかを総合的に判断することとされています。

したがって，一般財団法人を設立するにあたって，不当減少とされないためには，非営利型一般財団法人として設立するのは大前提ですが，そのうえで，相続税法施行令33条の3項については，要件を満たせるものはできるだけ満たすようにしたうえで，難しいもの（例えば，奨学金について，30人以上の学生等に対して学資の支給もしくは貸与をしているなど）については，このようなことが掲げられている趣旨（例えば，奨学金については，その事業が社会的存在として認識される程度の規模を有しているかどうかが問われている）を理解したうえで，設立手続きを進めていく必要があるのではないでしょうか。

ワンポイントアドバイス　非営利型以外の一般社団法人，一般財団法人の不当減少要件の取扱い

　本事例の解説では，「非営利型の一般社団法人，一般財団法人」であることを前提にしています。

　非営利型以外の一般社団法人，一般財団法人の場合には，平成30年度の税制改正で，次に掲げる要件の1つでも満たさないときは，贈与税又は相続税の負担が不当に減少する結果となると認められるものとされました（相法33④）。

1．その贈与又は遺贈の時におけるその定款において次の定めがあること。

　イ　その役員等（理事，監事，評議員その他これらの者に準するもの）のうち親族関係を有する者及びこれらと次に掲げる特殊の関係がある者の数がそれぞれの役員等の数のうちに占める割合は，いずれも3分の1以下とする旨の定め。

　ロ　その法人が解散した場合に，その残余財産が国若しくは地方公共団体又は公益社団法人若しくは公益財団法人その他の公益を目的とする事業を行う法人（持分のないものに限ります）に帰属する旨の定め。

2．その贈与又は遺贈前3年以内にその一般社団法人等に係る贈与者等に対し，施設の利用，余裕金の運用，解散した場合における財産の帰属，金銭

の貸付け，資産の譲渡，給与の支給，役員等の選任その他財産の運用及び事業の運営に関する特別の利益を与えたことがなく，かつ，その贈与又は遺贈の時におけるその定款においてその贈与者等に対し特別利益を与える旨の定めがないこと。

3．その贈与又は遺贈前3年以内に国税又は地方税について重加算税又は同法の規定による重加算金を課されたことがないこと。

　また，上記の要件をすべて満たしていた場合には，相続税法施行令第33条第3項の要件を検討し，いずれかの要件を満たさない場合には，不当減少に該当するかどうかを総合的に判定します。

　一方，非営利型の一般社団法人・一般財団法人は，従来通り，相続税法施行令第33条第3項の要件をすべて満たしていれば不当減少にならず，いずれかを満たしていない場合には，不当減少に該当するかどうかを総合的に判断することとされています。

■　**不当減少要件の判定のフローチャート**

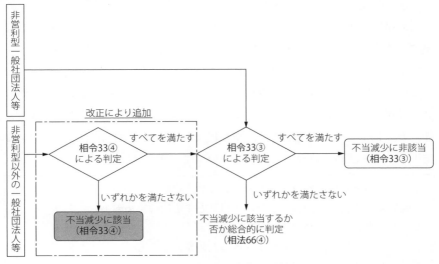

（財務省「平成30年度税制改正の解説」より一部改訂）

3 財産の寄付が相続税等を不当に減少する結果とならないための要件

(1) 相続税法施行令 33 条 3 項

　一般社団法人や一般財団法人，その他の非営利法人が財産の寄付を受ける場合に，寄付者や寄付者の親族及びその他寄付者と特殊な関係にある者の贈与税又は相続税の負担が不当に減少する結果となると認められる場合には，財産の寄付を受けた法人を個人とみなして贈与税又は相続税が課税されます（相法 66 ④）。

　不当に減少する結果となると認められるときとは，贈与又は遺贈の時における法人の役員等の構成や重要事項の決定プロセスのあり方，収入，支出の経理や財産の管理状況，解散の時の残余財産の帰属や定款等の定めなどからみて，贈与者や遺贈者又はその親族等が贈与等をされた財産を私的に支配したり，その使用収益を事実上享受したり，あるいはその財産が最終的にこれらの者に帰属するような状況にあるときをいいます。

　この事例のように，一般財団法人を設立して，生前や遺言により財産を拠出する場合には，「贈与税又は相続税の負担が減少する結果とはならない」ということを明らかにしていかなければいけません。

　しかし，贈与税又は相続税の負担が不当に減少する結果となるかどうかの判断は難しいものがあります。そこで，次に掲げる要件（以下「不当減少要件」とします）を満たすときは，贈与税又は相続税の負担が不当に減少する結果となると認められないものとしています（相令 33 ③）。

① 　法人の運営組織が適正であるとともに，定款等においてその役員等のうち親族等の占める割合が 3 分の 1 以下とする旨の定めがあること
② 　関係者に特別の利益を与えないこと
③ 　残余財産等が国等に帰属する旨の定めがあること
④ 　公益に違反する事実がないこと

　このうち，特に問題となるのが，①のなかの「法人の運営組織が適正であること」，②の「関係者に特別の利益を与えないこと」です。「法人の運営組織が適正であること」については，相続税法個別通達 15 で，一般社団法人，一般財団法人，その他の法人（学校法人，社会福祉法人，更生保護法人，宗教法人その他の持分の定めのない法人。NPO 法人も含みます）ごとに，運営組織が適正であるための要件が記載されています。一般社団法人や一般財団法人に対する寄付が不当減少とされる可能性がある場合には，この要件を考慮して定款等を作成するとよいでしょう。

■　財産の寄付が相続税等を不当に減少する結果とならないための要件

① 法人の運営組織が適正で特定の一族の支配を受けていない

② 関係者に特別の利益を与えないこと

③ 残余財産等が国等に帰属する旨の定めがあること

④ 公益に違反する事実がないこと

Check!　一般社団法人，一般財団法人，その他の法人ごとに「運営組織が適正であること」の要件が定められている。

（2）運営が適正である要件

　「運営組織が適正である」かどうかの判定は，財産の寄付を受けた法人について，次に掲げる 3 事実が認められるかどうかによることとしています（2008 年 7 月 24 日　国税庁資産課税「第 2　持分の定めのない法人に対する贈与税の取扱い」15（1）～（3））。

①　定款等への記載

　定款，寄付行為又は規則において，次に掲げる事項が定められていること（法人の態様に応じて定められていますが，以下では一般財団法人について掲載します）。

ロ　一般財団法人

（イ）　理事の定数は6人以上，監事の定数は2人以上，評議員の定数は6人
　　　以上であること。
（ロ）　評議員の定数は，理事の定数と同数以上であること。
（ハ）　評議員の選任は，例えば，評議員の選任のために設置された委員会の
　　　議決により選任されるなどその地位にあることが適当と認められる者が
　　　公正に選任されること。
（ニ）　理事会の決議は，次の（ヘ）に該当する場合を除き，理事会において
　　　理事総数（理事現在数）の過半数の決議を必要とすること。
（ホ）　評議員会の決議は，法令に別段の定めがある場合を除き，評議員会に
　　　おいて評議員総数（評議員現在数）の過半数の決議を必要とすること。
（ヘ）　次に掲げるC及びD以外の事項の決議は，評議員会の決議を必要とす
　　　ること。
　　　　この場合において次のE及びF（事業の一部の譲渡を除く）以外の事項
　　　については，あらかじめ理事会における理事総数（理事現在数）の3分の
　　　2以上の決議を必要とすること。
　　　　なお，贈与等に係る財産が贈与等をした者又はその者の親族が会社役員
　　　となっている会社の株式又は出資である場合には，その株式又は出資に係
　　　る議決権の行使に当たっては，あらかじめ理事会において理事総数（理事
　　　現在数）の3分の2以上の承認を得ることを必要とすること。
　　A　収支予算（事業計画を含む）
　　B　決算
　　C　重要な財産の処分及び譲受け
　　D　借入金（その事業年度内の収入をもって償還する短期の借入金を除
　　　く。）その他新たな義務の負担及び権利の放棄
　　E　定款の変更
　　F　合併，事業の全部又は一部の譲渡
（注）　一般社団法人及び一般財団法人に関する法律153条1項7号（（定款の記載
又は記録事項））に規定する会計監査人設置一般財団法人で，同法199条の規定に
おいて読み替えて準用する同法127条の規定により同法126条2項の規定の適用
がない場合にあっては，上記ロ（ヘ）のBの決算について，評議員会の決議を要

しないことに留意する。

(ト) 役員等には，その地位にあることのみに基づき給与等を支給しないこと。

(チ) 監事には，理事（その親族その他特殊の関係がある者を含む）及び評議員（その親族その他特殊の関係がある者を含む）並びにその法人の職員が含まれてはならないこと。また，監事は，相互に親族その他特殊の関係を有しないこと。

(注)
1 上記ロの（イ）から（チ）までに掲げるほか，法施行令33条3項1号に定める親族その他特殊の関係にある者に関する規定及び同項3号に定める残余財産の帰属に関する規定が定款に定められていなければならないことに留意する。

② 運営及び役員等の選任等の適正性

寄付を受けた法人の事業の運営及び役員等の選任等が，定款等に基づき適正に行われていること。

(注) 他の一の法人又は団体の役員及び職員の数が，その法人のそれぞれの役員等のうちに占める割合が3分の1を超えている場合には，その法人の役員等の選任は適正に行われていないものとして取り扱います。

③ 事業規模の適正性

寄付を受けた法人が行う事業が，原則として，その事業の内容に応じ，その事業を行う地域又は分野において社会的存在として認識される程度の規模を有していること。

この場合において，例えば，次のイからヌまでに掲げる事業がその法人の主たる目的として営まれているときは，当該事業は，社会的存在として認識される程度の規模を有しているものとして取り扱います。

イ 学校教育法1条に規定する学校を設置運営する事業
ロ 社会福祉法2条2項各号及び3項各号に規定する事業
ハ 更生保護事業法2条1項に規定する更生保護事業
ニ 宗教の普及その他教化育成に寄与することとなる事業

181

ホ　博物館法2条1項（（定義））に規定する博物館を設置運営する事業

(注)　上記の博物館は，博物館法10条（（登録））の規定による博物館としての登録を受けたものに限られているのであるから留意する。

ヘ　図書館法2条1項（（定義））に規定する図書館を設置運営する事業

ト　30人以上の学生等に対して学資の支給若しくは貸与をし，又はこれらの者の修学を援助するため寄宿舎を設置運営する事業（学資の支給若しくは貸与の対象となる者又は寄宿舎の貸与の対象となる者が都道府県の範囲よりも狭い一定の地域内に住所を有する学生等若しくは当該一定の地域内に所在する学校の学生等に限定されているものを除く）

チ　科学技術その他の学術に関する研究を行うための施設（以下「研究施設」という）を設置運営する事業又は当該学術に関する研究を行う者（以下「研究者」という）に対して助成金を支給する事業（助成金の支給の対象となる者が都道府県の範囲よりも狭い一定の地域内に住所を有する研究者又は当該一定の地域内に所在する研究施設の研究者に限定されているものを除く）

リ　学校教育法124条（（専修学校））に規定する専修学校又は同第134条1項（（各種学校））に規定する各種学校を設置運営する事業で，次に掲げる要件を満たすもの

　（イ）　同時に授業を受ける生徒定数は，原則として80人以上であること。

　（ロ）　法人税法施行規則7条1号及び2号（（学校において行う技芸の教授のうち収益事業に該当しないものの範囲））に定める要件

ヌ　医療法1条の2第2項に規定する医療提供施設を設置運営する事業を営む法人で，その事業が次の（イ）及び（ロ）の要件又は（ハ）の要件を満たすもの

　（イ）　医療法施行規則30条の35の2第1項1号ホ及び2号（（社会医療法人の認定要件））に定める要件（この場合において，同号イの判定に当たっては，介護保険法の規定に基づく保険給付に係る収入金額を社会保険診療に係る収入に含めて差し支えないものとして取り扱う）

　（ロ）　その開設する医療提供施設のうち1以上のものが，その所在地の都道府県が定める医療法30条の4第1項に規定する医療計画において同条2項2号に規定する医療連携体制に係る医療提供施設として記載及び

　　　公示されていること。

（ハ）　その法人が租税特別措置法施行令 39 条の 25 第 1 項 1 号（（法人税率の特例の適用を受ける医療法人の要件等））に規定する厚生労働大臣が財務大臣と協議して定める基準を満たすもの。

■　運営組織が適正であるための要件

定款等への記載		法人の種類ごとに，定款等へ掲げる事項を定める

運営及び役員の選任等の適正性		他の一の法人又は団体の役員及び職員の数が，その法人のそれぞれの役員等のうちに占める割合が 3 分の 1 を超えていないこと

事業規模の適正性		事業の内容に応じ，その事業を行う地域又は分野において社会的存在として認識される程度の規模を有している

ワンポイント アドバイス　一般の篤志家からの寄付

　今回の事例では，一般財団法人を設立して，自身が理事長に就任するということでしたが，一般財団法人を設立した場合でも，設立者自身及び設立者の親族等が財団法人の理事，監事，評議員や職員などに就任せず，財団法人に将来にわたっても影響を及ぼさないような場合や，設立や運営に関わらない一般の篤志家からの寄付であれば，租税回避行為が行われる可能性はほとんどありません。

　そこで，以下の 2 つの要件を満たす場合には，相続税法施行令 33 条 3 項 1 項の「法人の運営が適正で，特定の一族の支配を受けていないこと」の要

件は問わないこととしています（資産課税情報14号（2008年7月25日　国税庁資産課税課）「第2　持分の定めのない法人に対する贈与税の取扱い」14）。

① 贈与を受けた法人の理事，監事，評議員，職員のうちに，贈与者及び贈与者の親族等がいないこと
② 贈与者及び贈与者の親族等が，法人の財産の運用及び事業の運営に関して私的に支配している事実がなく，将来も私的に支配する可能性がないと認められること

■ **不当減少にならないための要件**

① 法人の運営が適正で特定の一族の支配を受けていない
② 関係者に特別の利益を与えないこと
③ 残余財産等が国等に帰属する旨の定めがあること
④ 公益に違反する事実がないこと

Check!
一般の篤志家からの寄付は，①の要件は問わない。

コラム **公益法人等の中に基金を設置する方法**

　今回の事例では，一般財団法人を設立してそこに資金を拠出するということでしたが，財団法人を設立するのは，手間もかかり資金も必要です。そのような場合には，既存の公益法人等に現預金や株式を寄付し，その法人内に，自分の基金を設置するということもできます。助成対象など自分の意向を踏まえることができ，寄付金控除も公益法人等に寄付をした段階で受けることができます。いくつかの公益法人等でこのような基金を設定しています。

コラム

　令和3年5月20日に，宗教法人で，前住職から法人への贈与が贈与税を不当に減少するものとする課税処分に対して全部が取り消された裁決がありました。この事案では，寺院規則には，役員等のうち親族関係を有する者等

の数が役員総数の 3 分の 1 以下とする旨の定めがないなど, 相続税法施行令 33 条 3 項の要件をいくつか満たしていませんでした。

　しかし, 裁決では,「贈与者の親族等の相続税又は贈与税の負担が不当に減少する結果となると認められるかどうかは, 持分の定めのない法人に対して財産の贈与等があり, その時点において, その法人の社会的地位, 寄付行為, 定款等の定め, 役員の構成, 収入支出の経理及び財産管理の状況等からみて, 財産の提供者等ないしはその特別関係者が, 当該法人の業務, 財産の運用及び解散した場合の財産の帰属等を実質上私的に支配している事実があるかによって判断すべきである」としたうえで, 以下のような理由から, 前住職らが宗教法人を実質上私的に支配している事実は認められないことから, 不当に減少する結果となると認められないとしました。

　前住職及び前住職の長男である現住職は, 現住職の長男 (僧侶として法人の業務に従事) が居住する建物の建設や現住職の長男が居住することについて, 寺院規則の規定に沿って, 法人の総代全員から同意を得ていたほか, 現住職の長男の業務や財産状況等に関する報告を総代に対して随時行っていた。

　また, 現住職の長男の業務に係る収支を継続して記録しているほか, 法人が県に提出した財産目録には, 本件資金移動による金員も記録されている。

　これらのことから, 前住職らによる, 法人の業務運営及び財産管理については, 法人の総代が相当程度に監督しているものと認められるほか, 前住職らが私的に業務運営や財産管理を行っていたとまでは認められない。

＜以下省略＞

　相続税法施行令 33 条 3 項の要件を満たさない場合には, 規程を整備し, 規程に基づいて運営したり, 親族以外の理事や監事, 評議員が経営に関わっていることを議事録等でしっかり残すなど, 寄付者やその親族等が法人を私的に支配している事実がないことを証明できるようにしておく必要があるでしょう。

> <種　　類>　一般財団法人を設立，遺言で財産の一部を一般財団法人へ
> 　　　　　　寄付
> <想　　い>　女手ひとつで育ててくれた母への想い。娘にも意思を継が
> 　　　　　　せたい。
> <寄付先>　　シングルマザー家庭を支援する一般財団法人
> <寄付金額>　設立時に 1,000 万円。自分が死んだときは，財産の一部を
> 　　　　　　寄付

	贈与税，相続税	所得税
一般財団法人を設立するときの寄付金 1,000 万円	原則として贈与税の対象にならない。租税回避とされると，法人を個人とみなして贈与税が課税される。	－
亡くなるときに財産の一部を財団法人へ寄付	原則として相続税の対象にならない。租税回避とされると，法人を個人とみなして相続税が課税される。	公益財団法人になっていれば，準確定申告で寄付金控除が受けられる。

事例 11 のポイント

・自分の意思を後世に残すための手段として財団法人の設立は有効。寄付をした財団は，相続税の対象からも外れる。

・自分や自分の親族等が役員や評議員，職員となる場合には，租税回避行為とされないために，相続税法施行令 33 条 3 項の内容を理解して，機関設計等を行う必要がある。

・設立者が役員，評議員，職員のいずれにもならず，将来も財団法人に影響を及ぼさない場合や，財団法人の設立にも運営にも関わらない一般篤志家からの寄付であれば，租税回避行為とされる可能性はほとんどない。

受遺団体側の注意点

この章では，遺贈寄付を受ける側の法人の注意点をみていきます。

第1節　遺贈寄付を受ける際のリスク

　遺贈寄付は個人の方からの一般の寄付に比べ，受遺団体が受け取る寄付額が多額になることが多く受入れを検討したい団体が増えています。

　その一方で，遺贈寄付は寄付する本人がすでに亡くなっていることから，トラブルに発展するケースも想定されます。

　特に，遺留分を超えるような遺言書がある場合や遺留分はなくても近い親族がいる場合に，本当に本人が寄付を望んでいたのかを疑われることがあります。また，遺言書を書く方の年齢が高齢である場合には，認知症が疑われるリスクもあります。さらに，包括遺贈の場合や不動産を現物のまま遺贈したい希望があるなど，受遺団体にとって寄付を受ける際に検討の時間を必要とするケースもでてきます。外部の専門家の意見を聞く必要が生じたり，場合によっては遺贈を辞退せざるを得ないケースもあります。

　遺贈寄付で寄付者の想いは嬉しいし，寄付者の意思は最大限尊重したい気持ちもあるけれど，相続人とトラブルになるくらいであれば遺贈寄付を受け取りたくないという声もあることでしょう。

　寄付先である受遺団体は遺贈寄付を受ける際，どのような点に注意すればよいでしょうか。以下にポイントをまとめます。

(1) 親族や本人とトラブルにならないように

・担当者と寄付者の会話をなるべく記録するようにする
・遺留分について，一般的な説明をする
・遺言書の付言事項で，遺贈寄付の理由を記載してもらう
・なるべく専門家の助言を受けて遺言書を作成してもらうようにする
・過度な勧誘や不当な働きかけをしない（ **巻末資料** 全国レガシーギフト協会の倫理ガイドライン参照）

（2）包括遺贈のリスク

・相続人と共同して相続税申告に対応する必要がある

・住宅を片付ける作業や，不動産や株式の売却といった清算業務もする可能性がある

・お墓の処分について，相続人とトラブルになる可能性がある

・プラスの財産だけでなく，負債も引き継ぐ

・遺言の記載内容によっては，他の相続人と遺産分割協議をする必要がある

・受け取りたくない財産（処分の難しい不動産等）があっても財産の一部の放棄ができない

（3）不動産遺贈を受ける場合の注意点

・売れない不動産等や処分に困る不動産(注)は受け取らないように注意をする

・みなし譲渡所得税やその他の負担する税について，どのように扱えば良いか検討する

・できるかぎり清算型遺言にしてもらい，不動産は売却を前提として遺贈をしてもらう

(注) 売れない不動産や処分に困る不動産の例
　　　農地，山林，リゾートマンション，共有持ち分の不動産，消せない抵当権や仮登記等が入っているもの，借地権，田舎の実家，相続登記未了で遺言者の所有になっていない不動産（遺産分割協議が必要になるため）

（4）その他の注意点

・遺留分侵害額がある遺贈を受け取った場合は，遺留分侵害額請求に備えて支出に注意する

・使途指定の遺贈や負担付遺贈の場合には，遺贈者の意思を叶えられないリスクもあるため，不動産の遺贈や包括遺贈と同様に遺言書を書く前に相談してもらうようにする

1　遺贈寄付の問い合わせ電話を受けるとき

　遺贈寄付をしたい寄付者の方（以下「寄付者」とします）が，寄付先として特定の団体（受遺団体）を選んだ場合には，専門家に相談をするか，寄付先に相談をするかの2パターンが考えられます。

　寄付先に相談するパターンの場合，寄付者から受遺団体が質問される内容としては下記が想定されます。

・遺贈寄付をした場合，どのようにお金が使われますか
・遺贈寄付はどのようなやり方がありますか
・遺言書はどのように書けばいいですか

　このような遺贈寄付についての話だけで終わる場合もあれば，寄付者の方の親族に対する悩みやご自身のご病気等の悩みのような人生相談になる場合も少なくありません。

　遺贈寄付の電話担当者がこういった電話を1人で受けている場合は，ときに時間的な負担や心理的な負担になることもあります。遺贈寄付の問い合わせ対応は，連絡を取り合っていた方の病気や死を受け入れることになりますし，ときとして相続人とのトラブルや複雑な法務・税務的な処理を専門家とやり取りする等，大きな負担を抱えることにもなるからです。

　遺贈の問い合わせの電話が少ない場合には1人でも対応できると思いますが，問い合わせ件数が増えてきた場合にはできる限り1人で担当することなく，複数人で情報を共有し，担当者の精神的な負担を減らす工夫も必要になるでしょう。

　また，寄付者の心情として，電話応対をした受遺団体の担当者が理解不足

で寄付者の疑問に感じていることに対する説明があいまいであったり，回答が得られない場合には，せっかく寄付しようと思っていてもその団体に寄付をするのはやめようと思われてしまう可能性があります。寄付者が聞かれたくないことを聞いてしまった場合も同様です。

　実際，寄付者の方に伺ったところ，「最初に○○という団体に電話したのだけど，担当者がよくわかっていなくて話を聞いてくれなかったから辞めた」といった声もありました。その団体の活動を見て寄付をされる方も大勢います。しかし，実際に電話の対応次第で寄付するかしないかが変わる方がいるのも事実です。遺贈寄付の遺言書を作成する間にも，寄付先が何度か変わることもよくあります。

　また，いくら丁寧に対応したとしても，遺贈寄付をしたいとの問い合わせに対して「では遺言書を作成してください。詳しくは専門家に聞いてください」と伝えただけではその後どうしたらよいのかわからずに諦めてしまう可能性も高いです。

　筆者は以前いくつかの受遺団体のお話を聞きながら，「遺贈寄付に関しての相談先がない」という問題を実感しました。そして，そういったお問い合わせがあった際に具体的にどのように次のステップに移ればいいのかを案内できていれば，どれほどの遺贈寄付が実現しただろうとつくづく思いました。

　寄付者が勇気を出して踏み出した一歩を，次のステップに繋げるためにも，相談できる専門家をすぐに紹介できる体制を作っておくことが肝要です。

【相談電話を受ける際の注意点】
・遺贈寄付の受入れの方針（受入ガイドライン）を作成しておく
・たらいまわしにしない，回答時間の短縮を目指し信頼性を上げる
・不動産，包括遺贈，負担付遺贈の受入れについてあらかじめ方針を決めておく
・相談内容については守秘義務を厳守し，個人情報の保管に注意する

2　遺贈寄付の遺言書を書いてもらった後の対応

　遺贈寄付をその団体にする旨の遺言書を作成してもらったからといって，遺贈寄付が確定したわけではありません。遺言は何度でも書き直せますし，一部の変更も可能です。

　せっかく当該受遺団体を寄付先として選んだとしても，何も交流がない場合や寄付した際の対応が悪かった場合などは寄付先を変更する可能性もあります。

　遺贈寄付をしたことを教えたくない方もいますし，生前の寄付をしたくないためコミュニケーションを避ける寄付者もいるので一概にはいえませんが，もし，遺贈寄付の遺言を書いてくれた方がわかり，その方に活動報告をしてもよい場合には，積極的にコミュニケーションをとって活動内容を知ってもらいましょう。

　遺贈寄付の寄付先として選ぶのは，その受遺団体の活動について興味がある場合や応援したい場合が多いです。きっかけは遺贈寄付ですが，生前の寄付もはじめてくれるかもしれません。

　遺言を一度書いてもらったらそれっきりではなく，そこから始まる長いお付き合いを大切にしていただければと思います。

3　遺贈寄付の電話の連絡を受けた場合

　遺贈寄付の執行の連絡は突然きます。事前相談を受けており遺贈寄付の遺言書を書いてくれていることを知っていたとしても，その方がいつお亡くなりになるかはわかりません。また，遺贈寄付では受遺団体側が知らないまま遺言書が残されているケースが多くあります。

　その際，受け入れる財産が特定遺贈の金銭のみであれば，金銭を受領して領収書を発行するのみで良いので慌てずに手続きをすれば大丈夫です。

　しかし，相続手続きの中でも包括遺贈で相続の放棄や限定承認の必要がある場合や相続人の相続税申告がある場合には期限があります（57頁参照）。そのため，包括遺贈の場合は連絡を受けたその日から，負債があるのかや相続財産の調査をし，残された財産の処分について検討します。財産の内容によっては相続の放棄を検討しなければなりません。外部の専門家と連携し，期限に間に合うように適切に手続きを進めていく必要があります。日頃から相続の専門家とコミュニケーションをとっておき，いざというときにもすぐ相談できる体制を整えておくと良いでしょう。

第3節　遺贈寄付を受けた際の会計処理及び領収書の発行

1　会計上の収益に計上するタイミング

　遺贈寄付の場合に収益をどのタイミングで計上するべきでしょうか？

　通常の寄付であれば，入金時に計上しますが，遺贈寄付の場合には，遺贈寄付をすることが決まっていても，紛争中であったり，あるいは入金になっていても，まだ金額が確定していなかったりすることもあり得ます。

　本節では，「遺言による寄付」，「死因贈与契約による寄付」，「相続財産の寄付」の3つに分けたうえで，どのタイミングで収益に計上するのか，NPO法人会計基準のQ&A13-8を参考にして考えていきます。

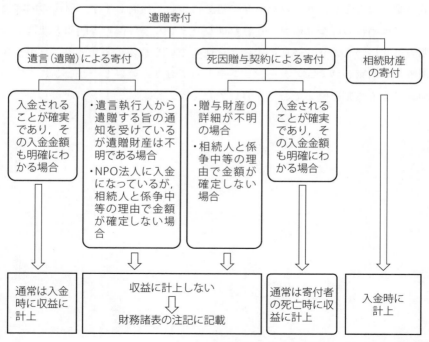

（NPO法人会計基準　Q&A13-8 一部改訂）

1　遺言による寄付

遺言は，遺言作成者が死亡した時にその効力が生じます。しかし，遺言による寄付は，受遺団体側がその遺言の存在を知らないケースも多く，また，遺言執行者から遺言による寄付があることについて連絡を受ける場合でも，その詳細が不明なケースも多くあります。

そのような場合には，活動計算書（正味財産増減計算書）には収益として計上せず，財務諸表の注記に，「当年度末において，遺言執行人から当法人を受遺者として財産を遺贈する旨の通知を受けておりますが，遺贈財産の内容が不明なものがあり，これらは財務諸表に計上されておりません」などの注記をします。

そして，入金されることが確実であり，その入金の金額も明確にわかる時点で収益に計上します。通常は，銀行口座への入金時に収益に計上することになります。ただし，入金された場合にも，相続人と係争があり，金額が確定しない場合もあります。そのような場合には，係争中は，「仮受金」など負債の勘定科目で処理し，収益には計上しません。そして，財務諸表の注記に，「当年度において遺贈寄付○○円を受けていますが，相続人と係争中であり，金額が確定しないため，仮受金に計上しています」などの注記をします。そして，係争が終わり，入金が確実になった時点で収益に計上します。

① 遺言による寄付があることについて連絡を受けているが，詳細が不明な場合は活動計算，貸借対照表への表示はしない

```
                         財務諸表の注記


  1．重要な会計方針
  ・・・・

```

9．その他NPO法人の資産，負債及び正味財産の状態並びに正味財産の増
　　減の状況を明らかにするために必要な事項

　　当年度末において，遺言執行人から当法人を受遺者として財産を遺贈する
旨の通知を受けておりますが，遺贈財産の内容が不明なものがあり，これら
は財務諸表に計上されておりません

② 相続人と係争中であり，金額が確定しない場合は活動計算書への表示は
　しない

貸借対照表	
Ⅰ　資産の部 　1.　流動資産 　　現金預金　　　×××	Ⅱ　負債の部 　1.　流動負債 　　・・・・・ 　　仮受金　　　　　　　　×××

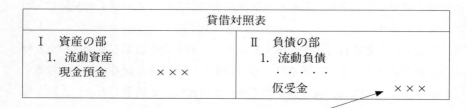

入金はされているが，係争中で金額が確定しない場合には，活動計算書の
収益には計上せずに，流動負債の仮受金に計上する。

財務諸表の注記

1．重要な会計方針
・・・・

9．その他NPO法人の資産，負債及び正味財産の状態並びに正味財産の増
　　減の状況を明らかにするために必要な事項

　　当年度において遺贈寄付○○円を受けていますが，相続人と係争中であり，
金額が確定しないため，仮受金に計上しています

2　死因贈与契約による寄付

生前に寄付者が法人と死因贈与契約を結ぶケースがあります。死因贈与契約とは，寄付者（贈与者）が死亡することで効力を生じる贈与のことです。遺言（遺贈）による寄付とは違い，寄付者と寄付を受ける法人の双方が寄付者の生前に同意をします。したがって，死因贈与契約を法人が一方的に放棄することはできません。

このような死因贈与契約については，寄付者が死亡した時に，請求権が発生しますので，その時点で収益に計上します。ただし，遺言による寄付と同様に，贈与財産の内容が不明であったり，相続人と係争があり，金額が確定しなかったりする場合には，金額が確定するまで収益には計上しません。

3　相続財産の寄付

相続財産の寄付は，相続人からの寄付です。相続人から入金になった時点で収益が確定しますので，入金時に収益に計上します。

現物資産の財務諸表への計上

株式や不動産などの現物資産の遺贈寄付を受けた場合には，財務諸表には，どのように計上したらいいでしょうか。

現物資産を受け入れた場合には，受入時に公正な評価額で「資産受贈益」として収益に計上します。公正な評価額とは，公正な取引に基づいて成立した価額で，その資産を現金で購入すれば支払うであろう価額をいいます。

ただし，公正な評価額で評価することが難しいものや，金額的に重要性が乏しいもの，寄付を受けた事業年度と同じ事業年度内に換金されている場合には，換金時に「受取寄付金」として収益に計上することも可能です（NPO法人会計基準Q&A13-5）。

重要性が高く，決算時までに売却していない場合には，貸借対照表に計上する必要があります。その場合には，どのような金額で計上したらいいのでしょうか。

(1) 有価証券

上場株式など市場価格がある場合には，寄付時における市場価格で計上します。遺言による寄付の場合には，実際に受遺団体に有価証券が移管される日は，亡くなってからかなり日数が経過してからになる可能性がありますが，寄付者が亡くなった時に寄付は実現していますので，亡くなった時の市場価格で計上し，寄附金受領証明書の金額も亡くなった日の市場価格になります。相続人からの寄付であれば，有価証券が受遺団体に移管された日の市場価格で計上します。

上場株式の相続税の評価額を決める際には，直近3か月の月中平均のいずれか低い金額で評価することが認められていますが，これは相続税の評価するにあたって認められている方法ですので，公正な評価額として計上する金額としては適切ではありませんし，寄付者が寄付金控除を受ける際にも，金

額が低く算定されて，不利になります。

　非上場株式などの市場価格のない有価証券の場合には，時価の算定が困難ですので，配当目的の株式等であれば，相続税評価額の計算で認められている配当還元方式などで評価することも許容されるのではないでしょうか。

> **ワンポイント
> アドバイス**
>
> 　配当還元方式とは，配当金額から株式等の評価額を計算する方法で，以下の算式で計算します。
>
> $$\frac{その株式に係る年配当金額}{10\%} \times \frac{その株式の1株当たりの資本金等の額}{50円}$$
>
> 　その株式に係る年配当金額が2円50銭未満のもの及び無配のものについては，2円50銭の配当があったものとして評価します。

(2) 土地

　近隣の売買実例価額，不動産鑑定士による鑑定評価額，地価公示法に基づく公示価格などにより公正な評価額を算定します。もし決算期末までに売却されていないが，決算作業中に売却がされたということであれば，その売却額で評価することが考えられます。

　また，重要性がそれほど高くない場合には，固定資産税評価額はおおむね地価公示価格の70％を目安に設定されるので固定資産税評価額÷0.7という計算式で公正な評価額を求めることも考えられます。さらに国税庁から発表される路線価はおおむね地価公示価格の80％を目安に設定されます。したがって路線価÷0.8により公正な評価額を算定するケースも想定されます。

(3) 建物

　近隣の売買実例価額，不動産鑑定士による鑑定評価額，固定資産税評価額から計算された価額，当該建物を新たに取得したと仮定した場合に支出する

予想価額などにより公正な評価額を算定します。新築時の取得価額がわかれ
ばそこから減価償却費相当額を差し引いたものを評価額としてもいいと思い
ます（参考：NPO 法人会計基準 Q&A24-1）。

■　現物資産を財務諸表へ計上する場合の計上方法

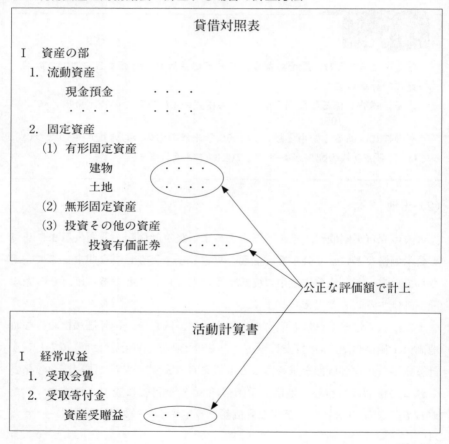

財務諸表の注記

1．重要な会計方針
・・・・

9．その他 NPO 法人の資産，負債及び正味財産の状態並びに正味財産の増
　減の状況を明らかにするために必要な事項

　当年度末において，遺贈を受け，決算期末に所有している土地及び建物は，
不動産鑑定士による不動産鑑定評価額で，株式については，受贈時における
市場価格で計上しています。

寄付金の受領証明書（領収書）の発行

　遺贈寄付を受けた法人はどのような寄付金の受領証明書（領収書）を発行すればいいでしょうか？

1　相続税の申告書に添付する書類

　相続税の非課税（措法 70）の適用を受けるためには，以下の書類を提出することとされています。

---

(1)　国，地方公共団体又は公益を目的とする事業を行う特定の法人に寄付したときの特例を受ける場合
　①　国，地方公共団体又は特定の公益法人の特例の適用を受けようとする財産の贈与を受けた旨，その贈与を受けた年月日及び財産の明細並びにその法人のその財産の使用目的を記載した書類
　②　特定の公益法人である場合には，その特定の公益法人に該当する旨の地方独立行政法人法 6 条 3 項に規定する設立団体又は私立学校法 4 条に規定する所轄庁の証明書類
(2)　認定特定非営利活動法人（認定 NPO 法人）に寄付したときの特例を受ける場合
　　認定特定非営利活動法人（認定 NPO 法人）の特例の適用を受けようとする財産の贈与を受けた旨，その贈与を受けた年月日及び財産の明細並びにその認定特例非営利活動法人（認定 NPO 法人）のその財産の使用目的を記載した書類

（出典：国税庁 タックスアンサー「No.4141　相続財産を公益法人などに寄附したとき」より作成）

　つまり，以下の項目について記載された書類が必要です。

> ・寄付を受けたこと
> ・寄付の年月日
> ・明細（種類・数量など）
> ・使用目的（団体としてどのように使用するのか）

　寄付先が地方独立行政法人又は一定の学校法人等である場合には，上記の他，特定の公益法人に該当するものであることについて，設立団体又は所轄庁が証明した書類が必要です。

　ここには，金額を記載する項目がありません。不動産や株式などの現物資産である場合には相続税の評価額は受遺団体ではわかりませんので，記載不要ということではないかと思われます。

2　所得税の申告書に添付する書類

　一方で，寄付金控除及び寄付金特別控除を受けるために添付する書類としては，以下が定められています。

①　特定公益増進法人

　当該特定寄付金を受領した者の受領した旨（当該受領した者が特定公益増進法人に該当する場合には，当該特定寄付金が当該法人の主たる目的である業務に関連する所法78②三に規定する寄付金である旨を含む），当該特定寄付金の額及びその受領した年月日を証する書類（所規47の2③一イ）

②　認定NPO法人

　当該特定寄付金を受領した所得税法施行規則47条の2第3項に規定する認定特定非営利活動法人等の受領した旨（当該特定寄付金が当該認定特定非営利活動法人等の行う所規47の2③に規定する特定非営利活動に係る事業に関連する寄付に係る支出金である旨を含む），当該特定寄付金の額及びその受

領した年月日を証する書類（所規 47 の 2 ③四）

つまり，以下の項目が記載された書類が必要です。

・寄付を受けたこと
・特定寄付金の額
・寄付の年月日
・公益を目的とした主たる事業（認定 NPO 法人の場合は特定非営利活動に
　係る事業に関連する事業）に支出していること

ここには金額の記載が必要になってきます。

実務上は，以下の 2 つの方法が考えられます。

＜その 1 ＞
　寄付金受領証明書として 1 つだけを寄付者に発行し，受領証明書に上
記のすべての項目を網羅した事項を記載する。

現預金の寄付であれば，記載する項目は相続税の申告時に添付する書類と
所得税の申告時に添付する書類はほぼ同じですので，この方法をとっている
法人も多いようです。

　その場合には，税務署には，先に提出する申告書に原本を添付し，後に提
出する書類にはそのコピーを添付したうえで，「原本は○○の所得税の申告
書に添付しています」などと記載すれば構わないようです。

＜その 2 ＞
　所得税の確定申告書に添付する寄付金受領証明書と，相続税の非課税
証明書の 2 つを作成する。

現物寄付の場合などは，相続税の非課税を受けるためには，明細（種類・

数量など）を記載することとなっているので，これらの事項を記載した相続税の非課税証明書を別に作成して送付している法人もあるようです。

　この場合には，相続税の申告書には「相続税の非課税証明書」を添付し，所得税の申告書には，「寄付金受領証明書」を添付するということになるかと思います。

ワンポイント アドバイス

寄付金受領証明書に記載する日付

　遺言による寄付を受けたときに，寄付金受領証明書の日付はいつにしたらいいのでしょうか？　受遺団体としては，会計に計上した日付で受領証明書を発行するのは当然ですが，遺言による寄付の場合には，被相続人の準確定申告で寄付金控除をしますので，寄付金控除をするのは亡くなった日であり，亡くなった日と受遺団体に入金になった日では，場合によっては年をまたぐ可能性もあります。

　国税庁から明確なものが出ているわけではありませんが，例えば，寄付金受領証明書の日付は入金した日付を記載し，寄付を受けた金額の下に「ただし，〇〇年〇月〇日付け遺贈寄付として」（日付は亡くなった日付を記載）という趣旨の記載をするという方法も考えられるのではないでしょうか。

---

4 公益法人・認定NPO法人・社会福祉法人の注意点

遺贈寄付は，金額が多額である場合があります。多額の寄付を受けた場合，公益法人，認定NPO法人，社会福祉法人などでは注意が必要なことがあります。それぞれの法人に分けてみていくことにします。

1 公益社団法人，公益財団法人

寄付金は原則として公益目的事業の収入になります。そうすると，多額の寄付金を受け入れると収支相償を満たせないということがあり得ます。収支相償とは，公益法人が行う公益目的事業について，公益目的事業に係る収入が，その実施に要する適正な費用を償う額を超えないと見込まれることをいいます。

遺贈寄付を多額に受けても収支相償を満たせるようにするためには，以下の2つの対策が考えられます。

(1) 特定費用準備資金を計上するか，資産取得資金の積立てをする

特定費用準備資金とは，将来の特定の事業費，管理費に特別に支出するために積み立てる資金のことをいいます。資産取得資金とは，将来，公益目的事業やその他の必要な事業，活動に用いる実物資産を取得又は改良するために積み立てる資金のことをいいます。

特定費用準備資金・資産取得資金は，会計上特定資産として表示されますが，いずれも将来の支出ですので，会計上費用には計上されません。しかし，収支相償の計算では，積立額を費用とみなして取り扱うことができます。

遺贈寄付を多額に受けて収支相償を満たせない場合には，特定費用準備資金や資産取得資金を積み立てることで収支相償を満たすということが考えらます。

（2） 指定正味財産に計上する

　遺贈寄付で受けた収益を指定正味財産に計上することができれば，収支相償の計算には関係しません。指定正味財産に計上するには，寄付者により使途が定められている必要があります。遺言で使途が定められていれば，指定正味財産に計上できますが，そうでない場合には，原則としては指定正味財産に計上することができません。

　しかし，公益法人会計基準実務指針では，以下のような場合には，指定正味財産に計上することができるとしています。

＜26年度報告Ｖ　3.　③　使途の制約＞
（略）寄附者が亡くなっている場合には，当該寄附者の意思を関係者に聴くことによって使途を明確化することができるときは，当該寄附者の意思により明確に使途に制約がかけられているものと考えられる。
　あるいは，すでに定められている法人内部の寄附金に関する規程等によって寄附者の意思の範囲内で具体的な事業を特定することができるか，又は具体的な事業に配分することができるときには，当該寄付者の意思により明確に使途に制約がかけられているものとみなしても差し支えないものと考えられる。
（以下，略）

　つまり，寄付者が亡くなってしまって，寄付者によって使途が明確にされていない場合でも，関係者に聞くことによって使途を明確にする場合や，寄付金に関する規程等によって寄付者の意思の範囲内で具体的な事業を特定できる場合には，指定正味財産に計上することができることとしています。

①　関係者に聞くことによって使途を明確にする方法

　関係者から聞いて使途を明確にしたうえで，下記のような文章を残すことが考えられます。

② 寄付金に関する規程等で具体的な事業を特定する

　下記のような寄付金規程を作り，WEB 等で公開するということが考えられます。

```
┌────────────────────────────────────────────────────────┐
│ 第○条　受領した寄贈財産は，全額を公益目的事業の○○事業に充当する。 │
│ 2　前項の規定にかかわらず，寄付者が寄贈財産の使途となる事業を指定し │
│  た寄贈財産については，当該事業に充当する。               │
└────────────────────────────────────────────────────────┘
```

2　認定 NPO 法人

　認定 NPO 法人の要件のうち，「実績判定期間における受入寄付金総額の百分の七十以上を特定非営利活動に係る事業費に充てていること」（NPO 法 45 ①四ニ）という基準（以下「7 割基準」とします）があります。遺贈寄付を多額に受けて，実績判定期間中に使わなかった場合に，この 7 割基準をクリアできなくなる可能性があります。

　そのような場合には，NPO 法人の特定非営利活動において，その法人の将来の特定非営利活動事業に充てるために，積立金を積み立てる方法が考えられます。

　このような積立金は，活動計算書上「費用」とはなりませんが，積立金の使用目的（その法人の今後の特定非営利活動事業に充当するために法人の内部に積み立てるものであること）や事業計画，目的外取り崩しの禁止等につ

いて，理事会又は社員総会で議決するなど適正な手続きを踏んで積み立て，貸借対照表に例えば「特定資産」として計上するなどしているものであれば，7割基準の判定において，特定非営利活動の事業費に含めて差し支えありません（内閣府「NPO 法 Q & A」3-8-8）。

ワンポイント
アドバイス

パブリックサポートテストの計算における遺贈寄付

　認定 NPO 法人の認定要件の中の「パブリックサポートテスト」には，「絶対値基準」，「相対値基準」，「条例個別指定基準」があります。絶対値基準とは，3,000 円以上の寄付者が年平均 100 人以上いるという基準ですが，この場合には，いくら多額の遺贈寄付であっても，寄付者は当然 1 人とカウントされます。

　「相対値基準」は，以下の基準を満たしている場合に，にパブリックサポートテストをクリアしたことになります。

$$\frac{寄付金等収入金額}{経常収入金} \geq 20\,\%$$

　この際に，1 人の寄付が突出している場合には，分子に算入することができる寄付金に限度があります。そして，その限度を超えている部分は，分母の経常収入金額には算入されますが，分子の寄付金等収入金額には算入することができないことになっています。これを，「一者当たりの基準限度超過額」といいます。

　パブリックサポートテストは，一般大衆から広く支援されていることをテストするものなので，1 人からの寄付が突出していることで 20 ％を超えたとしても，この制度の趣旨に合わないと考えられるからです。

　この「基準限度超過額」の計算があるために，一者からの寄付金が突出して多くなった場合に，相対値基準がクリアできなくなる可能性があります。

　しかし，遺贈寄付（相続開始後 10 か月以内の相続財産の寄付も含む）の場合には，寄付が多額になり，基準限度額を超えた場合にも，その超えた部分は，分子に算入しないだけでなく，分母の総収入金額からも除くことになっています（NPO 法施行規則 5 ①五）。つまり，遺贈寄付は，相対値基準

の計算では，基準限度額までの金額は分母，分子に算入し，それを超える金額は，分母からも分子からも除外されるという有利な取扱いがされます。

$$\frac{受入寄付金総額 - 1者当たりの基準限度超過額_{(注)}}{総収入金額 - 1者当たりの基準限度超過額_{(注)}} \geqq 20\%$$

通常の寄付であれば，分母から基準限度超過額は引かないが，遺贈寄付は分母からも基準限度超過額を引く。

(注) 1者当たりの基準限度超過額：同一の者からの寄附金の額の合計額のうち受入寄附金総額の 10％を超える部分の金額（一定の場合には 50％を超える部分の金額）

3 社会福祉法人

使途の指定がなく，社会福祉充実残額が生じたときは，社会福祉充実計画（5年以内）作成し社会福祉事業等に充当する必要があります。

社会福祉充実残額とは，事業継続に必要な財産を控除した「再投下可能な財産」です。使途が限定されている基金等は，「社会福祉法に基づく事業に活用している不動産等」とされ，社会福祉充実残額算定時に控除されます。

■　会計処理の問題点と解決方法

法人格	問題点	解決方法
公益財団法人 公益社団法人	寄付金は原則として公益目的事業の収入になる 多額の寄付金を受け入れると収支相償を満たせない	(1) 特定費用準備資金を計上するか, 資産取得資金の積立てをする (2) 指定正味財産に計上する
認定 NPO 法人	寄付金の7割以上を, 実績判定期間中に特定非営利活動の事業費に充当しなければならない (7割基準)	理事会でその寄付の使途を定め特定資産に計上（事業費に含めることができる） 特定資産運用規定を定め適正に運用
社会福祉法人	使途の指定がなく, 社会福祉充実残額(注)が生じたときは, 社会福祉充実計画（5年以内）作成し社会福祉事業等に充当する。 (注) 事業継続に必要な財産を控除した「再投下可能な財産」 　　　使途が限定されている基金等は, 「社会福祉法に基づく事業に活用している不動産等」とされ, 社会福祉充実残額算定時に控除される	

1　法人税

　受遺団体が，NPO 法人，非営利型一般社団法人，一般財団法人，社会福祉法人，学校法人などの収益事業課税が適用される法人や公益目的事業が非課税になる公益社団法人，公益財団法人である場合には，遺贈寄付を受けた法人に法人税は課税されません。

　非営利型以外の一般社団法人，一般財団法人や株式会社，合同会社などの全所得課税が適用される法人であれば，法人税が課税されます。

2　相続税

　相続税は個人に課される税金ですので，受遺団体には，相続税は課税されません。ただし，遺贈寄付により相続税の負担が不当に減少する結果となると認められる場合には，受遺団体を個人とみなして相続税が課税されます。この場合，寄付財産について課された法人税等があるときには，その法人税等相当額を相続税から控除します（相法 66 ⑤）

　また，遺贈寄付を受ける団体が，法人格のない任意団体である場合には，原則として相続税が課税されます。ただし，公益性の高い一定の団体については，相続税が非課税になります。

3　所得税

　所得税は，個人が支払う税金ですので，受遺団体には所得税は課されません。ただし，寄付者にみなし譲渡所得税が発生する場合に，みなし譲渡所得税を受遺団体が引き継ぐことがあります。清算型遺贈の場合も，譲渡所得税を受遺団体が負担することがあります。また，みなし譲渡所得税の非課税特

例を受けた後に，受遺団体が公益目的事業の用に供さなかった場合等には，受遺団体が所得税を支払うケースも考えられます。

　以下，いくつかのケースに分けて考えていきます。

① 　包括遺贈の場合で，みなし譲渡所得税が発生しているとき

　不動産や株式等の寄付を包括遺贈で受けた場合で，みなし譲渡所得税が発生する場合には，そのみなし譲渡所得税の納税義務は，受遺団体が引き継ぎます。

② 　特定遺贈で，遺言でみなし譲渡所得税は，受遺団体が負担する旨の記載
　　があるとき

　特定遺贈の場合で，みなし譲渡所得税が発生する場合には，原則としてその納税義務は相続人が負うことになりますが，遺言で，受遺団体がみなし譲渡所得税を負担することが明記されている場合には，受遺団体がみなし譲渡所得税を負担することになります。

③ 　清算型遺贈の場合

　清算型遺贈の場合の納税義務者は，税法では明記されていませんが，財産を取得していない相続人に納税義務を負わせることは難しく，実質所得者課税の考え方から，受遺団体が納税義務を負うとされる考え方が一般的です。

④ 　みなし譲渡所得税の非課税特例を受けた後に非課税が取り消された場合

　みなし譲渡所得税の非課税特例（措法40）により非課税の承認を受けたが，その後非課税承認の取消しがあった場合については，寄付財産を公益目的事業の用に直接供する前に承認の取消しがあったときには，寄付者に，寄付財産を公益目的事業に直接供した後に承認の取消しがあったときには，法人を個人とみなして，受遺団体に所得税が課税されます。

　例えば，みなし譲渡所得税の非課税特例を受け，その配当金を公益目的事

業に使っていた株式を，受遺団体が売却し，その売却代金を公益目的事業に
使ったことで承認の取消しを受けた場合には，受遺団体が，非課税を受けて
いたみなし譲渡所得税を納税することになります。

<参考書籍>

・脇坂 誠也著『Q&A　一般社団法人，一般財団法人の設立・会計・税務ハンドブック』清文社　（2019 年 6 月）
・鵜尾 雅隆　他著『遺贈寄付ハンドブック』日本ファンドレイジング協会（2018 年 10 月）
・山田 重将「法人に対する不動産の遺贈に係るみなし譲渡所得課税に関する問題点」『税務大学校論叢』（国税庁税務大学校）
・小柳 誠『換価遺言が行われた場合の課税関係について』『税務大学校論叢』（国税庁税務大学校）
・関根 美男「非営利型一般財団法人に対する換価遺言」『東京税理士界』VolumeNo.730　会員相談室（2017 年 11 月）
・内閣府「認定 NPO 法人等に対する個人からの現物資産寄附のみなし譲渡所得税非課税承認 証明申請等の手引き」（2020 年 4 月）
・税理士法人 タクトコンサルティング，金森民事信託法律事務所 編著『Q&A遺贈寄附の法務・税務と財産別相続対策』日本法令（2021 年 10 月）

遺贈寄付の倫理に関するガイドライン（第1版）（抜粋）

一般社団法人 全国レガシーギフト協会　2021年9月13日制定

第1章　行動原則

遺贈寄付に関わる者は，次の行動原則を遵守します。

Ⅰ	信義に従い誠実に行動する。
Ⅱ	法令を遵守する。
Ⅲ	遺贈寄付者およびその候補者の自由意思を尊重する。
Ⅳ	遺贈寄付者およびその候補者またはその関係者の秘密を守る。
Ⅴ	遺贈寄付に関する知識と技能の習得に努める。
Ⅵ	透明性の確保と適時適切な情報開示に努める。

第2章　行動規範

遺贈寄付に関わる者は，次の行動規範に沿って，遺贈寄付に取り組むものとします。

1．すべての遺贈寄付の関係者は，遺贈寄付の情報提供または勧誘を行う際には，次の規範に沿って行動します。

> 1-1　遺贈寄付の情報提供または勧誘を行う際には，法令・通達等を守ることに加え，遺贈寄付者の利益を害することがないよう，倫理的な行動を心掛ける。

＜問題になり得る行為＞

・虚偽の説明や誇張した説明により，団体の実績や活動内容，寄付金の使途，活動実績，遺贈寄付に対する返礼などについて，相手を誤信させること

・自団体についての不都合な事実を隠匿することにより，遺贈寄付の意思決定に不当な影響を与えること

・法律や税務の専門家でない非営利団体の役職員や業務の受託者が，遺贈寄付者やその候補者に対して，遺贈寄付の制度や手続，これらに関連する法律や

税務に関する一般的な情報提供を超える助言または便益の提供を行うこと
・遺贈寄付の情報提供または勧誘のための資料に，本人または相続人代表者の許可なく遺贈寄付者の事例を掲載すること
・遺贈寄付を獲得するために受益者の尊厳や他の非営利団体の信用を貶めるような広報活動を行うこと
・遺贈寄付の情報提供や勧誘に従事する役職員ならびに業務委託先など外部の協力者に対する指導や監督を怠ること

1-2　遺贈寄付者またはその候補者の自己決定権を尊重し，遺贈寄付のための意思決定や方法選択，寄付先選択の各過程において，不当威圧その他不適切な働きかけを行わない。

<問題になり得る行為>
・遺贈寄付の意思決定を行う能力のない相手（15歳未満の未成年者，または精神上の障害により物事を判断する能力が著しく低下し，またはその能力を欠く状況にある者をいう）に対して遺贈寄付の勧誘を行うこと
・加齢や精神上の障害等による判断能力の低下その他相手の脆弱な状況に乗じて遺贈寄付の意思決定をさせること
・遺贈寄付の勧誘が主要な目的であることを秘匿してイベントに招待し，または面談を求めること
・遺贈寄付の勧誘において，本人が他の人を同席させるのを拒絶すること
・遺贈寄付の勧誘を望まない意思を表明した相手に遺贈寄付の勧誘を続けること
<勧誘相手やその家族にサービスを提供する非営利団体が特に留意するべき事項>
・サービスを提供する相手やその家族等に対して，サービス利用の正当な対価として，または対価とは別に，遺贈寄付（遺贈寄付の意向表明を含む）が必要であると誤信させること
・自己の将来や生活に不安を抱える者に対して，遺贈寄付を行うことでその不安を取り除くことができるかのように装って，遺贈寄付を勧誘すること

遺贈寄付者の意思決定に本人以外の者が影響を及ぼしている懸念がある場合は，必要に応じて寄付者単独で面談する等の方法により，寄付者の真意を確認するよう努力する。

＜問題になり得る行為＞

・遺贈寄付者またはその候補者の推定相続人，身辺の世話をする者，サービス提供を行う事業者その他本人の利益を代表する者でない第三者が，本人の遺贈寄付の意思決定に影響を及ぼしていることがうかがわれる場合に，本人から遺贈寄付についての真意の確認を怠ること（ただし，本人が希望しない場合を除く）

1-4 遺贈寄付が何らかの理由で遺贈寄付者またはその候補者の意向どおりに実現しない可能性がある場合には，その可能性や理由を十分に説明する。

＜問題になり得る行為＞

・遺贈寄付者またはその候補者が寄付の目的や寄付金の使途について明確な意向を有している場合に，受遺団体がその意向に沿った事業の実現や継続が困難となるおそれがあることを認識しているにもかかわらず，その可能性や理由を伝えないこと

・遺贈寄付として受け入れる財産の使途を合理的な理由なく変更し，本人や遺族に対して何の説明責任も果たさないこと

2．すべての遺贈寄付の関係者，とりわけ遺贈寄付の助言等を行う専門家や仲介者は，遺贈寄付の相談・助言・仲介・遺言書や契約書の作成その他の支援を行う際には，次の規範に沿って行動します。

2-1 専ら自己または第三者の利益を図る目的で，遺贈寄付者やその候補者または受遺団体に不利益となる行為をしてはならない。

＜問題になり得る行為＞

・非営利団体が遺贈寄付を含む遺言書の作成費用や専門家の報酬を負担することの条件として，遺贈寄付者またはその候補者に対して，自団体への寄付（遺贈寄付に限らない）や自団体を遺言執行者に指定することを要求するこ

と

・非営利団体が勧誘相手に遺言書作成等の専門家を紹介する場合に，当該専門家に対して自団体への遺贈寄付の勧誘を依頼すること

・遺贈寄付の専門家や仲介者が，受遺団体となるべき非営利団体からの委託に基づき，遺贈寄付の候補者を支援する場合に，本人の利益よりも当該非営利団体の利益を優先すること

・遺贈寄付の専門家や仲介者が，遺贈寄付者またはその候補者に対して，自己と取引のある非営利団体のみを遺贈寄付先として紹介または推薦する場合に，当該取引の存在について説明を怠ること

・遺贈寄付の専門家や仲介者が，遺贈寄付者またはその候補者に対して，正当な業務の対価とは別に，個人的な見返りを要求すること

> 2-2　遺贈寄付のための遺言書の作成もしくは死因贈与契約または信託の設定に関与する場合は，本人の判断能力（事理弁識能力）の程度及び意思能力（遺言能力，契約締結能力）の有無に配慮するとともに，寄付者の様子や意思決定の経緯を可能な限り記録を残すよう務める。

＜問題になり得る行為＞

・遺贈寄付をしようとする者の遺言能力（遺言書を作成する法的な能力をいう。重篤な精神障害などがない15歳以上の人には備わっているとされる。）または契約締結能力の有無が本人の言動などから疑わしい場合に，医師や公証人，弁護士，司法書士その他の専門家による支援の必要性について説明しないこと

・上記の疑いがある場合において，遺贈寄付のための遺言書作成や契約締結等の支援をしたにも関わらず，本人の様子や発言等について記録を作成・保存しないこと

> 2-3　遺贈寄付のための遺言書の作成もしくは死因贈与契約または信託の設定に関与する場合は，受遺団体の遺贈寄付の受入方針を可能な限り事前に確認し，遺贈寄付が寄付者の意思に沿って実現できるように努める。

＜問題になり得る行為＞

・遺贈寄付のための遺言書や契約書の作成に関与するにもかかわらず，事前に受遺団体の遺贈寄付の受け入れの可否や方針について確認をしないこと

3．受遺団体は，遺贈寄付の受け入れ後は，次の規範に沿って行動します。

3-1　遺贈寄付を受けた財産はできる限り遺贈寄付者の希望する使途に使用するよう努める。

＜問題になり得る行為＞

・遺贈寄付者が寄付金その他の遺贈寄付の対象とする財産（以下，「寄付金」という。）の使途を限定する意思を受遺団体に対して表明している（遺言の付言事項による場合を含む）にも関わらず，その意思に反して寄付金を使用すること

・遺贈寄付者が指定した使途に寄付金を使用できないことが判明した場合（事業を廃止した場合，あるいはもともと取り組んでいない事業が指定されていた場合など）に，適切に対処しないこと

※この場合における適切な対処としては，遺贈寄付を受け入れた上で自ら当該事業もしくは受益者を同じくする類似の事業を行い，または当該事業を行っている非営利団体に寄付もしくは助成するなど，遺贈寄付者の意思の実現に最大限努力しつつ，それすらかなわない場合には遺贈寄付の全部または一部の受け入れを辞退（放棄）することなどが考えられる。ただし，事案に応じた他の合理的な対処を否定するものではない。

・受遺団体が遺贈寄付の受け入れ方針を定め，そのなかで遺贈寄付の使途を自ら定めているにもかかわらず，寄付金を他の目的に用いること（遺贈寄付者がその目的に使用することを希望している場合を除く）

・受遺団体が解散する場合において，特定の遺贈寄付者からの寄付金が残余財産の大部分を占めているとの特別の事情があるにもかかわらず，遺贈寄付者の意思を一切顧みることなく残余財産の帰属先を決定すること

3-2　負担付きの遺贈寄付を受け入れたときは，受け入れた財産の範囲で負担した義務を誠実に履行する。

＜問題になり得る行為＞

・負担付遺贈または負担付死因贈与を受け入れたにもかかわらず，正当な理由なく負担した義務を履行しないこと

・上記の負担とは別に，受遺団体が遺贈寄付者に対して返礼を約束したにもかかわらず，その約束を違えること

> 3-3　遺贈寄付者の意思を尊重しかつ受遺団体としての正当な権利を守るために，遺贈寄付の放棄や返金などの要求に対しては，応ずるべき義務があるかどうかを誠実に検討し，適切に対応する。

＜問題になり得る行為＞
・本人または本人以外の者から遺贈寄付の放棄や返金を求められた場合に，その要求の正当性を吟味することなく，安易に要求に応じ，または拒絶すること
・遺贈寄付の対象財産について権利を主張する者（本人や相続人に限らない）から，正当な理由に基づく遺留分侵害額請求，債務の履行または損害賠償等の請求がなされた場合に，それに対応しないこと

4．すべての遺贈寄付の関係者は，遺贈寄付のあらゆる場面において，次の規範を遵守します。

> 4-1　遺贈寄付の各過程で知り得た個人情報および守秘義務のある情報を，正当な理由がない限り，第三者に開示，漏洩しない。

＜問題になり得る行為＞
・遺贈寄付者本人に無断で，第三者に遺贈寄付の意向や遺言の内容などを開示すること
・遺贈寄付者やその相続人代表者が同意しないにも関わらず，個人特定が可能な態様で，遺贈寄付者の情報を受遺団体の広報物等に掲載すること

> 4-2　特定の遺贈寄付者やその遺族について不平等な取り扱いをしない。

＜問題になり得る行為＞
・一部の遺贈寄付者やその遺族に対してのみ，合理的な理由なく，社会的に不相当な便益を提供すること
・合理的な理由なく，一部の遺贈寄付者やその遺族のみを差別的に扱うこと（同時期に同程度の遺贈寄付がなされたにもかかわらず，一方にのみ感謝状や返礼品を贈ることなどが想定されるが，それらに限られない）
・遺贈寄付の勧誘を行った相手のうち，遺贈寄付をしなかった者と遺贈寄付をした者とで，差別的な取扱いをすること

一般社団法人 全国レガシーギフト協会

おわりに

　私（三浦）が，長年相続の仕事をし，遺贈寄付について調査を重ねていく中で感じたことは「遺贈寄付が実現するかどうかは相続実務家の影響が非常に大きい」ということでした。1人でも多くの相続実務家が遺贈寄付の専門家として活躍することで，未来が大きく変わると確信しました。

　相続実務家によっては，遺贈寄付は手間がかかって面倒かつ儲からないと感じる方もいると思います。だから，できる限り私が感じた魅力を今回の本に載せようと思いました。

　今の遺贈寄付の現状は，遺贈寄付に詳しいお金持ちだけがするものというイメージを持たれがちです。多くの人はお金に余裕のある人が「大きな財産で何かを残すもの」と思い，興味はあってもあきらめてしまっています。しかし，遺贈寄付はお金持ちでなくても，誰もが簡単にできるものです。

　また専門家も，遺贈寄付に詳しくないため積極的に扱っているところが少なく，その結果，遺贈寄付に興味はあっても身近に相談できる専門家がいないため，ハードルが高くなってしまっています。

　私たちは遺贈寄付を人生の最後まで使わなかったお金を使って社会に恩返しができるチャンス」だと捉えています。そのため，より多くの人に知ってもらい，負担のない額からでも気軽に始めてほしいのです。

　イメージとしては，高級料理店で扱うようなものではなく，近所の定食屋さんで気軽に注文できるようなものにできればと思っています。そして，遺贈寄付のメニューをおく定食屋さんも繁盛し，「自分のため」「社会のため」「お客様のため」になることを願っています。

　日本全国の相続実務家が遺贈寄付を扱うようになった時，多くの方が望みを叶えられるようになると共に，社会はみんなが望む方向に近づくでしょう。私は日本中の人々が，もっと遺贈寄付を気軽に選択できる社会となり，カジュアルに遺贈寄付を味わえる日が来ると信じています。

そして，この本を手に取ったあなたが，「遺贈寄付」をというメニューを相続の1つの選択肢として一緒に扱い，人々の「想いのこもったお金を社会に届ける」という役割を果たしていただけることを私は願っています。

　最後に，執筆者2人のそれぞれの遺贈寄付の体験談と，遺贈寄付に関して私たちが考えていることを記載したいと思います。

　私の祖母は，本が大好きな人でした。祖母の部屋は部屋中の大きな本棚に小説が並んでおり，いつも古い本のにおいがしました。そんな祖母が亡くなる前に，相続人である父の提案で10万円の遺贈寄付をすることになりました。祖母に「おばあちゃん，新しくできる図書館におばあちゃんのお金で寄付をするね」と伝えたところ，祖母は本当に嬉しそうに喜んでくれました。祖母が亡くなり図書館に遺贈寄付をすると，図書館内に祖母のコーナーができ，図書館から父に表彰状が送られ，父もとても満足そうでした。

　私は地元を離れていますが，娘を連れて地元の図書館に行くことで遠く離れた地元と私，祖母と孫という縁を図書館が繋いでくれていると感じます。図書館に寄付することで祖母は地元に貢献でき，本当に嬉しかっただろうと思いますし，世代と地域を結ぶ家族の思い出ができ，祖母が最後に使った10万円はプライスレスなお金の使い方になりました。

　祖母の例のように，遺贈寄付はストーリーを次世代に残すものだと私は思います。私もストーリーを次世代に残すべく，遺贈寄付の遺言書を作成しています。実現するのはまだ先ですが，それでも遺言書を作成したことでとても安心した気持ちになり，改めて「遺贈寄付は自分のためにするもの」なのだと実感しました。寄付をする人，受け取って想いを叶える人，残された遺族，関わる方全てが幸せになる遺贈寄付を今後も多くの方に伝えていきたいと思います。

三浦　美樹

　私（脇坂）は，長年，NPO法人や公益法人などに関わり，特に，寄付の会計や税務をテーマに仕事をしてきました。日本には寄付文化がないとしばし

ば言われますが，亡くなった方の想いを受け止めたり，自分の想いを後世に託す遺贈寄付は，日本人にとても親和性が高いのではないかと思います。

遺贈寄付という言葉がまだほとんどなかった2014年8月に，弁護士，税理士，司法書士等の専門家や，信託銀行，NPO関係者などが集まり，遺贈寄付推進会議（一般社団法人 全国レガシーギフト協会の前身）が立ち上がりました。私自身，この会議に発足当時から参加し，遺贈寄付に関する税制について様々な角度から調査し，相談を受け，海外の遺贈寄付の実態を調べに行ったりしました。その成果を今回の書籍に盛り込みました。

遺贈寄付推進会議では，遺贈寄付を推進するうえで，一番大切なことは，「遺贈寄付の成功物語」ではないか，と考えました。遺贈寄付では，寄付は亡くなった後に実施されるため，その成果を寄付者は確認することができません。そうすると，自分の寄付が何かの役に立つのだ，ということを確信するためには，「遺贈寄付をしてよかった」と思えるような，身近な物語が必要ではないかと考えました。

ノーベル賞は，ダイナマイトの発明で有名なノーベルの遺贈寄付によって実現したものです。土木工事を早く安全に進めるための道具として開発されたダイナマイトでしたが，戦争で使われることで，ノーベルは「死の商人」と言われました。この非難に奮い立った彼は，ダイナマイトの発明で築いた富を「国籍や男女を問わず，人類にもっとも貢献した人物に賞を与える」という遺言を残し，世界の平和や科学の発展に大きく貢献しました。

ノーベルの遺贈寄付は非常にスケールが大きな話ですが，私たちの身近なもので，「このような形の遺贈寄付があるのだ」とイメージできるような事例をいくつも示すことが必要ではないかと思い，本書の第5章では，今まで相談を受けたことや，自分の身近にあったことを基にして11の事例を考え，それを基にして税制上の取扱いを示すことにしました。

遺贈寄付の税制は，みなし譲渡所得税など，寄付をしにくくしている課題もあります。一方で，相続税の非課税だけでなく，所得税の寄附金控除も受けられるなど，税制が寄付を応援していると思われる措置もあります。

この書籍が，遺贈寄付の仕組みや法律，税制などを正しく理解していただき，遺贈寄付の魅力を多くの人に知っていただくきっかけになれば幸いです。

　私の父は，2019年9月に90歳で亡くなりました。父が亡くなったときに，現預金を長男の私が引き継いだので，そこから父が何か想いをもっていたところに寄付をできないか，と思い，兵庫県にあるお寺に相続財産の中から10万円を寄付しました。

　父はなにか特別，社会的な問題などに興味があったわけでもなく，寄付などを生前にしたということも聞いたことがありませんでした。父はどんなことを大事にしていたのだろう，と考えたときに，父が毎年，兵庫県のお寺にお墓の維持費を支払っていることを思い出しました。

　私の祖父の代に兵庫県から東京に出てきたそうで，祖父より前の3代のお墓が兵庫県のお寺にありました。私は小学校の頃に，父と2人で関西方面を旅行した際にそのお寺に連れて行ってもらったことを覚えていました。父が亡くなる数年前に，関西地方に行く機会があった時に，思い立って，数十年ぶりにお寺を訪ねました。それをきっかけに，自分の先祖がどのような人なのか，知ることができました。

　父は，7人兄弟の5男で，父自身は東京生まれの東京育ちでしたので，本来，父が兵庫県のお寺の維持費を支払う理由はなかったと思いますが，何十年にもわたってお墓の維持費を支払い続けたことに，父の先祖を敬う強い想いを感じました。父が遺してくれた財産からの寄付先として，兵庫のお寺が一番ふさわしいのではないか，と考えました。

　その後，私の妻や子供たちと一緒にその兵庫県にお寺にも行き，みんなで手を合わせてきました。父の想いを私の子供にも引き継いでもらいたいと思っています。

脇坂　誠也

【著者紹介】

三浦 美樹 （第1章〜第4章，第6章 第1節・第2節 執筆）

司法書士・承継寄付診断士・2級ファイナンシャルプランニング技能士
司法書士法人東京さくら代表司法書士
一般社団法人日本承継寄付協会代表理事，全国レガシーギフト協会理事他
　2011年　チェスター司法書士事務所開業
　2017年　さくら本郷司法書士事務所に名称変更
　2019年　一般社団法人日本承継寄付協会設立　代表理事就任
　2020年　司法書士法人東京さくらに法人化
＜監修＞
　「家族が亡くなった後の手続きガイド　新装改訂版」（監修，宝島社）
　「マンガでわかる 家族が亡くなった後の手続き」（監修，宝島社）
　「相続手続き完全ガイド」『一個人特別号』（監修，KKベストセラーズ）

脇坂 誠也 （第5章，第6章第3節・第4節 執筆）

税理士，中小企業診断士，行政書士
認定NPO法人NPO会計税務専門家ネットワーク理事長，一般社団法人全国レガ
シーギフト協会理事，公益財団法人さわやか福祉財団，東日本大震災支援全国
ネットワーク他監事
　1991〜1993年　国際協力機構青年海外協力隊でコートジボワールに派遣。
　1999年に脇坂税務会計事務所開業。
＜主要著書＞
「遺贈寄付ハンドブック」（共著，日本ファンドレイジング協会）
「基礎からマスターNPO法人の会計・税務ガイド」（共著，清文社）
「Q&A これはよくわかる社団・財団・NPO法人の運営・会計・税務」（共著，TKC
出版）
＜NPO会計道＞
　ブログ：https://blog.canpan.info/waki/
　YouTube：https://blog.canpan.info/waki/

【監修者紹介】

一般社団法人　全国レガシーギフト協会

　人生の集大成としての寄付である，遺贈寄付（遺言による寄付，相続財産からの寄付，信託による寄付等）や資産寄付が寄付者本人の望む最適な形で実現し，寄付した財産が地域の未来資産となり世代を超えて継承される社会を実現することを目的として，2016年11月に設立されました。

　以下の事業を行っています。

（1）情報発信事業：情報提供のポータルサイト「いぞう寄付の窓口」の運営，最新事例の情報発信等

（2）相談窓口事業：無料相談窓口サービスの全国各地の提供，個別の相談者ニーズに応じた専門家や寄付先相談機関，寄付受け入れ先の情報提供

（3）人材育成事業：専門家向け，民間非営利組織向けの遺贈寄付研修の実施

（4）普及啓発事業：書籍の発行，情報の提供，イベント開催等を通じた社会理解の促進と制度や仕組み改善のための政策提言活動

全国レガシーギフト協会　「いぞう寄付の窓口」加盟団体一覧

認定NPO法人　北海道NPOファンド　／　公益財団法人　地域創造基金さなぶり　／　認定NPO法人　とちぎボランティアネットワーク　／　公益財団法人　ちばのWA地域づくり基金　／　公益財団法人　長野県みらい基金　／　公益財団法人　あいちコミュニティ財団　／　公益財団法人　南砺幸せ未来基金　／　公益財団法人　京都地域創造基金　／　一般財団法人　泉北のまちと暮らしを考える財団　／　公益財団法人　ひょうごコミュニティ財団　／　公益財団法人　佐賀未来創造基金　／　一般財団法人　未来基金ながさき　／　一般財団法人　くまもとSDGs推進財団　／　公益財団法人　みらいファンド沖縄　／　公益財団法人　パブリックリソース財団　／　公益財団法人　日本財団　／　公益財団法人　公益法人協会　／　認定NPO法人　日本ファンドレイジング協会　　　　　　　　　　　　　（2022年1月31日現在）

一般社団法人　日本承継寄付協会（LEGACY GIVING JAPAN）

　地域や社会の未来のために財産の一部を寄付することで社会貢献をしたい方を支援し，持続可能な経済社会の実現の促進を目指し相続実務家を中心に設立されました。遺贈寄付に関する調査や遺贈寄付のハードルを下げることを目的として活動しています。「承継寄付診断士講座」（https://www.izo.or.jp/consultant/）の開催により第三者的立場である相続実務家への相談を可能にすることや信頼できる寄付先の紹介をしています。情報発信や勉強会を通じて，遺贈寄付に対する誤解を解消し，寄付したい人が誰でも無理なく寄付できる体制を整えることで遺贈寄付・承継寄付の間口を広げ，「おもいやりのお金が循環する社会」を目指していきます。

　以下の5つの活動を推進しています。

①専門家育成研修・支援：「承継寄付診断士」認定講座の開催，全国で遺贈寄付の実務家を増やす研修事業，遺贈寄付支援時に使える相談業務ツールの提供

②相談業務・相談窓口の拡充・支援：全国の遺贈寄付専門家を起点に，安心して相続や承継寄付の相談ができる窓口の拡充，受贈団体に対する受入れ態勢の整備，相談業務の支援，寄付希望者からの相談業務

③調査・啓発活動：「遺贈寄付に関する全国実態調査」や専門家調査の実施，メディアでの情報発信，イベント登壇を通じて遺贈寄付の認知を高める活動

④情報発信：ガイドブックの発行，情報発信メディアの運営，イベント開催

⑤遺贈寄付の遺言書作成費用の助成（無料遺言キャンペーン）：遺贈寄付の遺言書作成の負担を軽減のために期間限定で遺言書作成の専門家に支払う報酬の助成

日本承継寄付協会ウェブサイト　（https://www.izo.or.jp/）
遺贈寄付の情報発信サイト　　（https://www.izo.or.jp/media）

日本承継寄付協会　　　　IZOPROJECT2022　連携パートナー一覧

一般財団法人あしなが育英会／（認定）認定特定非営利活動法人かものはしプロジェクト／（認定）特定非営利活動法人キッズドア／公益社団法人 Civic Force（緊急即応

チーム）／公益社団法人チャンス・フォー・チルドレン／（認定）特定非営利活動法人日本IDDMネットワーク／（認定）特定非営利活動法人ピースウィンズ・ジャパン／（認定）特定非営利活動法人　フローレンス／（認定）特定非営利活動法人 抱樸／（認定）特定非営利活動法人全国こども食堂支援センター・むすびえ／（認定）特定非営利活動法人 ワールド・ビジョン・ジャパン／国立大学法人大阪大学／国立大学法人東京大学／静岡市　他　　　　　　　　　　　　　　　　（2022年4月30日現在）

ご案内

■遺言書をお得に作成する助成制度

　日本承継寄付協会では，寄付検討者の遺贈寄付の遺言書作成への経済的負担と心理的負担を軽減するべく，遺贈寄付の専門家報酬の一部（5万円分）を助成する施策を行ってます。本制度では，遺言書を作成する際に非営利組織への遺贈寄付をする内容が入れば，専門家へ支払う費用の一部が助成されます。

　　※条件等の詳細はHPをご覧ください。（https://www.izo.or.jp/freewills/）

　遺言者にとってメリットが大きいので専門家として遺贈寄付の遺言書の提案がしやすくなるはずです。

■はじめての遺贈寄付を考えるきっかけに「えんギフト」を配布中

　日本承継寄付協会では，遺贈寄付の情報発信メディア冊子『えんギフト』を無料で発行しています。

　えんギフトは，士業の方が一般の方に遺贈寄付の魅力ややり方をご案内することができるツールです。遺贈寄付の特徴や実施方法などの「解説」や「遺贈寄付の受入」と「社会課題への取り組み」両軸の実績が豊富な団体の掲載などをしています。

　遺贈寄付の情報提供や遺贈寄付の具体的な活動団体や事例を参考にしながら納得しワクワクできる寄付先を探すことができる，遺贈寄付のはじめかたをサポートするための冊子です。裏面に各事務所の情報が掲載できるようにしておりますので，クライアントの方との話のきっかけや，セミナー等での配布資料としてご利用いただけます。2022版は6,000部以上をお届けすることができました。

　　※ご希望の方は，申請フォームよりご請求いただけます。（https://contents.izo.or.jp/engift）

相続に係る専門家のための

遺贈寄付の実務

税務／法務／相談者対応

2022年6月30日　初版第1刷発行
2023年4月10日　初版第2刷発行

著　者	三浦　美樹・脇坂　誠也	
発行者	大坪克行	
発行所	株式会社 税務経理協会	
	〒161-0033東京都新宿区下落合1丁目1番3号	
	http://www.zeikei.co.jp	
	03-6304-0505	
印　刷	美研プリンティング株式会社	
製　本	牧製本印刷株式会社	
デザイン	原宗男（カバー,イラスト）	
編　集	野田ひとみ	

本書についての
ご意見・ご感想はコチラ

http://www.zeikei.co.jp/contact/